PAULO VIEIRA, PhD

O homem que impactou mais de 40 milhões de pessoas

DESPERTE O PODER DENTRO DE VOCÊ

21 dias para trocar fraqueza por poder, dor por identidade, limitação por propósito e murmuração por gratidão

Gente editora

Diretora
Rosely Boschini
Diretora Editorial
Joyce Moysés
Editora
Natália Domene Alcaide
Assistente Editorial
Camila Gabarrão
Produção Gráfica
Leandro Kulaif
Preparação
Gabrielle Carvalho
Capa
Plinio Ricca
Projeto Gráfico
Robson Barros
Marcia Matos
Plinio Ricca
Diagramação
Plinio Ricca
Revisão
Bianca Maria Moreira
Impressão
Santa Marta
Equipe de Conteúdo Febracis
Luana Ogleari
Gabriela Alencar

CARO(A) LEITOR(A),
Queremos saber sua opinião sobre nossos livros. Após a leitura, siga-nos no **linkedin.com/company/editora-gente**, no TikTok **@editoragente** e no Instagram **@editoragente**, e visite-nos no site **www.editoragente.com.br**. Cadastre-se e contribua com sugestões, críticas ou elogios.

R. Dep. Lacerda Franco, 300 – Pinheiros
São Paulo, SP – CEP 05418-000
Telefone: (11) 3670-2500
Site: www.editoragente.com.br
E-mail: gente@editoragente.com.br

Dados Internacionais de Catalogação na Publicação (CIP)
Angélica Ilacqua CRB-8/7057

Vieira, Paulo
Descubra o poder dentro de você : 21 dias para trocar fraqueza por poder, dor por identidade, limitação por propósito e murmuração por gratidão / Paulo Vieira. - São Paulo : Editora Gente, 2025.
128 p.

ISBN 978-65-5544-662-3

1. Devoções diárias 2. Vida cristã 3. Sucesso I. Título

25-3958 CDD 242.2

Índices para catálogo sistemático:
1. Devoções diárias

Nota da publisher

Quem conhece o Paulo Vieira sabe que ele não escreve com tinta – escreve com fogo. Cada linha que ele entrega vem impregnada de presença e verdade. É impossível sair ileso de uma leitura como esta. *Desperte o poder dentro de você* é um livro para ser vivido. Quando mergulhei nessas páginas pela primeira vez, fui atravessada por uma força que só o Paulo sabe canalizar: a força da verdade dita com amor, do confronto que cura e da fé que transforma.

Este livro que você, leitor, tem em mãos, resolve um problema que vejo se repetir todos os dias, em diferentes contextos: pessoas desconectadas de si mesmas, da sua identidade e do seu propósito espiritual, vivendo no automático, presas em ciclos de dor, murmuração e vitimização.

Paulo entrega aqui um caminho: são 21 dias de um processo profundo, que ativa a consciência e reacende a identidade espiritual. Não há nada de raso ou previsível aqui. Cada reflexão, cada pergunta de autoexame, cada ação prática é um passo rumo à libertação de padrões que aprisionam, e, ao mesmo tempo, uma aproximação radical daquilo que nos conecta com o divino.

Este livro é um chamado. Um despertar. Um convite para abandonar a murmuração, trocar a dor pela identidade, e a limitação pelo propósito. É um guia para quem está pronto para romper com o velho eu e se alinhar com a frequência do Céu.

Receba meu convite: mergulhe nestas páginas como quem mergulha em um rio de cura. Deixe o Céu invadir você. E permita-se emergir ao final desses 21 dias como uma nova versão de si mesmo – mais leve, mais forte, mais alinhada com o que há de melhor em você e com o que o Céu já declarou a seu respeito.

Boa travessia!

Rosely Boschini

CEO e Publisher da Editora Gente

Sumário

Introdução

21 dias que podem mudar tudo

Este não é um livro para entreter você. Ele não foi escrito para agradar, massagear seu ego ou lhe oferecer frases bonitas para postar nas redes sociais. Este devocional foi criado para transformar. Para confrontar, curar e ativar. Escrevi cada palavra como quem escreve com fogo. Com a dor que já vivi e com a verdade que me libertou.

Se você está cansado de sobreviver, de carregar uma mente pesada, de repetir os mesmos ciclos de dor, de viver aquém do seu potencial, então este é o seu momento. Se você está pronto para romper com a vitimização, abandonar a murmuração, alinhar sua frequência com o Céu e assumir a responsabilidade pela sua própria história, então esta jornada foi feita para você.

Você está prestes a começar um processo de 21 dias que vai tocar as áreas mais profundas da sua alma. Vai doer em alguns momentos. Vai parecer impossível em outros. No entanto, se você se comprometer com cada dia, com cada pergunta, com cada ação prática, vai experimentar uma reprogramação real – emocional, espiritual e vibracional.

Porque a verdade é dura, mas libertadora: nada muda se você não mudar. Deus não opera onde há murmuração. O Céu não se move onde há vitimização. A transformação só acontece onde existe coragem, decisão e fé prática.

Este devocional é um mapa, e quem precisa caminhar é você. Não existe mágica aqui. Existe processo, confronto e renúncia. Mas também há cura, clareza, liberdade e autoridade. Você vai sair desses 21 dias com uma nova consciência, uma nova identidade, uma nova vibração.

Então pare agora. Respire fundo. Ore. Peça ao Espírito Santo para guiar você. Porque, se você se entregar de verdade, se decidir ir até o fim, você não será mais o mesmo, pois vai se levantar como quem sabe quem é. Vai pensar como o Céu pensa, falar com autoridade e atrair o favor que já está em movimento.

O novo de Deus não é um destino, e sim uma escolha. E ela começa agora.

Como usar este devocional

Este livro é um processo de reprogramação espiritual, cura emocional e ativação de uma nova identidade. Durante 21 dias, você será conduzido por temas profundos, perguntas que confrontam e ações que transformam.

Prepare-se para romper com velhos padrões, elevar sua frequência espiritual e assumir, de modo definitivo, a identidade que Deus lhe deu.

FORMATO DE CADA DIA

Cada um dos 21 dias contém:

1. **Versículo-chave**
   Uma verdade espiritual que sustenta todo o conteúdo do dia.
2. **Reflexão profunda**
   Um texto direto, emocional e confrontador que cura, ativa e eleva sua consciência.
3. **Pergunta de autoexame**
   Um convite à honestidade. É aqui que você para, respira e olha para dentro.
4. **Ação prática**
   Sem aplicação não há transformação. Toda fé precisa de um passo concreto.
5. **Oração final**
   Um momento de entrega, reconexão e alinhamento com o Céu.
6. **Declaração de poder (diária e fixa)**
   Um decreto vibracional que reafirma sua identidade espiritual e profética.

MODOS DE USAR

Você pode usar este devocional de maneira:

- **Pessoal (individual)**: diariamente, ao acordar ou antes de dormir.
- **Em grupo (discipulado, mentoria, célula)**: com encontros de 1 a 3 vezes por semana.
- **Como retiro ou imersão**: em jornadas intensivas de 3, 7 ou 21 dias consecutivos.

SUGESTÃO DE USO INDIVIDUAL

- Separe um tempo fixo (idealmente de vinte a trinta minutos por dia).
- Vá para um ambiente silencioso, com sua Bíblia e um caderno de anotações.
- Leia o conteúdo com calma, meditando em cada parte.
- Responda à pergunta de autoexame com sinceridade (a resposta deve ser escrita).
- Realize a ação prática com intenção e disciplina.
- Termine com a oração e a declaração de poder.
- Repita essa rotina diariamente por 21 dias, sem interrupções.

SUGESTÃO DE USO EM GRUPO

Periodicidade sugerida:

- **Um tema por encontro** (uma vez por semana, durante 21 semanas).
- **Ou um tema por dia** (durante 21 dias, em jornada de discipulado intensiva).

Estrutura de encontro (40 minutos):

1. **Oração inicial** – 5 minutos.
2. **Leitura do tema** – 10 minutos.
3. **Reflexão em grupo** – 5 minutos.
4. **Autoexame e compartilhamento** – 5 minutos.
5. **Ação prática em conjunto ou desafio semanal** – 5 minutos.
6. **Oração e Declaração de poder final** – 10 minutos.

MATERIAIS COMPLEMENTARES (opcional)

Se desejar potencializar a experiência, utilize:

- Grupos de WhatsApp para manter consistência.
- Cartões de declarações para repetir diariamente.
- Áudios com as reflexões narradas (para maior imersão).

AGORA É COM VOCÊ!

A cada dia, mergulhe com intencionalidade. Não leia com pressa. Não pule as perguntas. Não trate isso como um devocional qualquer. Trate como um reencontro com quem você nasceu para ser.

Você tem em mãos um convite para resgatar sua essência, silenciar mentiras antigas e ativar uma versão de si mesmo que já estava pronta e só esperando sua decisão para emergir. Que cada versículo lhe aponte o caminho. Que cada reflexão o confronte com amor. Que cada ação prática seja um passo firme rumo ao seu novo nível.

Você não está sozinho nessa. O Espírito Santo o guiará.

E eu estarei com você, dia após dia, página após página, como quem já passou por esse fogo e saiu mais forte do outro lado.

Então vá. Comece. Mas comece como quem decidiu terminar.

O Céu está atento. O tempo é agora. E a jornada já começou.

O NOVO DE DEUS NÃO É UM DESTINO, E SIM UMA ESCOLHA. E ELA COMEÇA AGORA.

Desperte o poder dentro de você

@PAULOVCOACH

DIA 1

IDENTIFICANDO A RAIZ DA INSATISFAÇÃO

"Nós nos lembramos dos peixes que comíamos de graça no Egito, e também dos pepinos, das melancias, dos alhos porós, das cebolas e dos alhos."

(*Números* 11:5)

A insatisfação é um vírus silencioso. Ela se instala devagar, quase imperceptivelmente. E quando você se dá conta, ela já roubou sua energia, contaminou sua visão e sequestrou sua fé.

Ela sempre começa do lado de dentro. Sempre.

É como uma lente escura que você coloca sem perceber. Você continua vivendo, mas agora enxerga tudo com uma sombra. Ainda que esteja abençoado, trilhando o caminho certo e vendo Deus agir... você sente como se faltasse algo. E o que falta nunca está do lado de fora, na verdade está no seu padrão mental.

O povo de Israel estava sendo alimentado com maná que vinha diretamente do céu. Tinham sido libertos da escravidão e tinham visto milagres que ninguém jamais viu, e ainda assim reclamavam e murmuravam com saudade do Egito.

E o mais trágico: eles não tinham saudade da liberdade. Tinham saudade das cebolas e dos pepinos. Ou seja: **o corpo saiu do Egito, mas a mente ainda era escrava**.

É isso que a insatisfação faz. Ela desconecta você da realidade presente. Faz você idealizar o passado e distorcer o agora. Faz você esquecer tudo que conquistou, o que já venceu, e o coloca em um círculo vicioso de querer mais, precisar de mais, sem nunca ter o suficiente.

Você conhece alguém assim? Talvez esteja olhando para essa pessoa no espelho agora.

Porque a verdade é simples, mas dura: **se você não aprender a ser grato no deserto, não saberá desfrutar a Terra Prometida**. A insatisfação crônica o seguirá para onde quer que vá: transformará bênçãos em fardos, conquistas em cobranças e fará de você escravo de um padrão mental destrutivo.

O primeiro passo da Alta Performance Espiritual é este: identificar quando você deixou a insatisfação entrar; quando começou a reclamar mais do que agradecer; quando passou a exigir de Deus aquilo que já era para estar louvando.

Você não precisa de mais, precisa de consciência, clareza e uma nova perspectiva.

E essa mudança começa com uma decisão: **ver a vida com olhos espirituais e mente renovada**.

Autoexame

Em que áreas da minha vida eu tenho focado mais no que me falta do que naquilo que já tenho?

Reflita com coragem. Essa resposta pode ser desconfortável, mas também libertadora.

Ação prática

1. Pegue um caderno ou seu bloco de notas.
2. Liste **cinco bênçãos concretas** que você tem hoje.
3. Leia cada uma em voz alta e agradeça por ela como se fosse seu maior milagre.

Exemplo:

- "Obrigado, Deus, pelo ar que eu respiro sem pagar nada."
- "Obrigado pela força que me levantou hoje, mesmo sem eu merecer."
- "Obrigado porque, mesmo com lutas, eu ainda estou aqui."

Oração

Senhor, purifica minha mente da reclamação.
Ajuda-me a enxergar com olhos espirituais o que já tenho, o que o Senhor já fez, o que já está em movimento.
Rompe em mim esse padrão de insatisfação e me ensina a viver o contentamento que vem do Céu.
Quero trocar cobrança por gratidão, e murmuração por louvor.
Em nome de Jesus, amém.

Declaração de poder

1. **Eu sou filho amado de Deus.**
2. Não sou vítima, eu sou vencedor.
3. Sou grato em todas as coisas, mas permaneço inconformado, pois sei que o melhor de Deus ainda está por vir.
4. **Sou disciplinado e focado.**
5. Sou corajoso e ousado.
6. Não aceito a covardia nem a acomodação.
7. Tenho a visão extraordinária de Deus para o meu futuro.
8. Tenho o caráter de Cristo moldando a minha vida.
9. Sou sal e luz neste mundo e, por onde eu passar, brilharei com o amor, a prosperidade e a generosidade.

DIA 2

O PERIGO DA MURMURAÇÃO

"Até quando esta comunidade ímpia se queixará contra mim? Tenho ouvido as queixas desses israelitas murmuradores."

(Números 14:27)

A murmuração – queixar-se – é uma das posturas mais tóxicas da alma humana. Não apenas contamina quem pratica, mas envenena o ambiente, paralisa destinos e provoca perdas espirituais severas. Deus não ignora a murmuração. Pelo contrário: Ele ouve, responde e, muitas vezes, interrompe ciclos de bênçãos por causa dela.

No deserto, o povo de Israel não morreu de fome nem de sede. Eles não morreram pela ausência de milagres, porque milagres não faltaram. O mar se abriu. O pão caiu do céu. A água brotou da rocha. O Deus invisível se manifestava em coluna de nuvem e de fogo. E mesmo assim, eles murmuravam. Reclamavam da comida, do clima, de Moisés, de Deus, do tempo. Preferiam se lembrar das "cebolas do Egito" a agradecer pela liberdade. Estavam livres, mas queriam voltar para a escravidão só porque estavam desconfortáveis naquele momento. E isso revela uma verdade dura: existem pessoas que preferem a prisão confortável à liberdade desafiadora.

A murmuração é mais do que apenas um mero desabafo, ela é um sinal de imaturidade espiritual. É a voz de quem quer o controle e se irrita quando Deus não faz do seu jeito. É a boca da alma ferida, que acusa o próprio Deus em vez de confiar no processo. E mais: quem murmura, paralisa. Porque a murmuração trava a fé. Ela suga a energia, mina a esperança e fecha a visão. É impossível ser grato e murmurador ao mesmo tempo. É impossível andar em fé e se alimentar de reclamação.

Toda vez que você murmura, está liberando palavras contrárias ao seu próprio futuro. E palavras têm poder. Palavras moldam atmosferas. Palavras liberam realidades. Quando você reclama, está autorizando o caos a se instalar. Quando você murmura, está construindo com sua boca o deserto onde vai caminhar. A murmuração não é só uma falha emocional, é um sabotador espiritual.

No ambiente familiar, a murmuração enfraquece o amor. No ambiente de trabalho, corrói o respeito. Na igreja, esfria a fé coletiva. No casamento, vira veneno. E dentro da alma, torna-se uma prisão invisível. A pessoa que reclama demais começa a ver tudo com olhos contaminados. Nenhum lugar é bom. Nenhuma pessoa é suficiente. Nenhum futuro é promissor. E a vida passa, mas aquele que murmura continua parado, ressentido e frustrado.

Agora olhe para si. Examine seus últimos dias. Quantas vezes você usou sua boca para reclamar de algo que, na verdade, é fruto da sua colheita? Quantas vezes você murmurou diante do processo de Deus na sua vida? Quantas vezes você transformou um problema passageiro em uma sentença definitiva, só porque não aguentou esperar com fé?

O desabafo sem filtro vira queixa. A queixa contínua vira padrão. E o padrão da murmuração o afasta da promessa. É por isso que, no deserto, Deus não permitiu que os murmuradores entrassem na Terra Prometida. Eles estavam libertos no corpo, mas ainda escravos na mente.

Você pode até estar em um tempo difícil, enfrentando pressões, dores, incertezas, entretanto, nada justifica profetizar tragédia com a boca. Nada justifica amaldiçoar sua própria jornada com palavras de incredulidade. Porque quem murmura se coloca contra o Céu, e quem agradece ativa o sobrenatural.

Por isso, hoje é dia de calar a queixa; de parar de repetir frases que sabotam sua própria fé. É dia de reprogramar a boca, limpar a mente e decidir que, daqui para frente, você vai profetizar vida, e não morte. Vai liberar palavras de alinhamento com Deus. Vai ser um canal de honra e louvor. Sua boca será fonte de vida. Seu ambiente será um altar de gratidão.

Autoexame

Que tipo de palavras tenho liberado nos últimos dias? Tenho murmurado mais do que agradecido?

Ação prática

Desafio de 24 horas: passe o dia inteiro sem reclamar. Nenhuma reclamação sequer. Nem sobre o tempo, nem sobre o trânsito, nem sobre seu trabalho ou as pessoas à sua volta. Toda vez que sentir vontade de reclamar, pare. Respire. E transforme essa reclamação em gratidão.

Por exemplo:

1. Em vez de reclamar do chefe, agradeça por ter um emprego.
2. Em vez de reclamar da rotina, agradeça por ter saúde.
3. Em vez de reclamar da bagunça dos filhos, agradeça pela vida deles.

Anote no seu caderno o que mais fez você querer murmurar hoje e transforme isso em uma oração de gratidão ao final do dia.

Oração

Senhor, perdoa cada murmuração que saiu da minha boca.
Eu não quero mais amaldiçoar minha vida com palavras negativas.
Ensina-me a ver a Tua mão mesmo nos dias difíceis.
Quero usar minha boca como instrumento de honra, louvor e fé.
Fecha meus lábios para a reclamação e abre meu coração para o contentamento.
A partir de hoje, minhas palavras serão bênção, e não veneno.
Em nome de Jesus, amém.

Declaração de poder

1. Eu sou filho amado de Deus.
2. Não sou vítima, eu sou vencedor.
3. **Sou grato em todas as coisas, mas permaneço inconformado, pois sei que o melhor de Deus ainda está por vir.**
4. Sou disciplinado e focado.
5. Sou corajoso e ousado.
6. Não aceito a covardia nem a acomodação.
7. Tenho a visão extraordinária de Deus para o meu futuro.
8. **Tenho o caráter de Cristo moldando a minha vida.**
9. Sou sal e luz neste mundo e, por onde eu passar, brilharei com o amor, a prosperidade e a generosidade.

QUEM AGRADECE ATIVA O SOBRENATURAL.

Desperte o poder dentro de você

@PAULOVCOACH

DIA 3

A PRISÃO DA VITIMIZAÇÃO

"Quando o viu deitado e soube que ele vivia naquele estado durante tanto tempo, Jesus lhe perguntou: 'Você quer ser curado?'."

(João 5:6)

Você já conheceu alguém que virou especialista em dor? Gente que, mesmo sem perceber, fez da sua dor um trono, da sua ferida uma identidade e da sua história difícil um álibi para não mudar? Talvez você mesmo já tenha feito isso no passado, ou ainda esteja fazendo até hoje. Essa é a armadilha da vitimização. Uma prisão confortável, mas paralisante.

A cena de João 5 é reveladora. Um homem está há trinta e oito anos paralítico, deitado à beira do tanque de Betesda, esperando uma oportunidade que nunca chega. Ele está do lado do milagre, no entanto, nunca entra nele. E o motivo é simples: sua mente está aprisionada. Ele acredita que precisa que alguém o leve, que o problema é a falta de ajuda e que o mundo está contra ele. Porém quando Jesus se aproxima e pergunta: "Você quer ser curado?", a resposta deveria ser simples. Um "sim" direto, uma explosão de esperança. Mas o que ele faz? Reclama. Justifica. Terceiriza. Diz que não tem quem o ajude. Diz que sempre tem alguém mais rápido. Em outras palavras: **ele prefere a narrativa de vítima à decisão de se levantar.**

E quantas vezes nós fazemos a mesma coisa?

Quantas vezes usamos as pessoas, o passado, os traumas, a falta de recursos, a criação que tivemos e a injustiça que sofremos como desculpa para não agir, não perdoar, não avançar?

Ser vítima pode até ser verdade por um tempo, porém permanecer nesse papel é uma escolha. Porque a dor é inevitável, mas o vitimismo é uma construção. Uma lente. Uma armadura que usamos para justificar por que ainda estamos no mesmo lugar. O problema é que essa armadura também nos impede de crescer.

Enquanto você continuar dizendo "Eu não consigo por causa de tal pessoa", "Minha vida seria diferente se não fosse aquilo", "Eu sou assim porque me machucaram", estará assinando um contrato com a paralisia.

Jesus poderia simplesmente ter curado o homem, entretanto, antes, Ele o confronta: "Você quer?". Por quê? Porque **Deus não rompe a vitimização sem o seu consentimento**. Ele só liberta quem decide sair da cela. E a chave da cela está no seu bolso: chama-se autorresponsabilidade.

O primeiro passo para a cura é admitir: "Sou eu o responsável pela minha vida". Não é fácil dizer isso, pois causa raiva e mexe com o orgulho. Mas, acredite, é esse confronto que nos liberta. É nesse ponto que você abandona a narrativa de vítima e assume o papel de protagonista.

Se você continuar acreditando que precisa esperar alguém lhe colocar no tanque, vai passar a vida à margem do milagre. Mas se você ouvir a voz de Jesus hoje dizendo "Levante-se! Pegue a sua maca e ande" – e obedecer –, vai ver que o que o prende não é o que fizeram com você, é aquilo em que você decidiu acreditar.

Você não é o que lhe aconteceu, e sim o que você escolhe fazer com isso. E hoje, você pode escolher algo novo.

Autoexame

> *Em que áreas da minha vida eu tenho terceirizado a responsabilidade pelos meus resultados? Onde ainda estou usando a dor como desculpa para não agir?*

Ação prática

1. Pegue uma folha de papel.
2. Escreva no topo: **"Eu sou responsável pela minha vida"**.
3. Abaixo disso, escreva os principais problemas ou frustrações que você ainda justifica colocando culpa em alguém ou em algo.
4. Depois, reescreva cada um deles assumindo a responsabilidade.

Por exemplo, se tiver escrito algo como:
"Não tenho dinheiro porque meus pais não me ensinaram educação financeira."
Reescreva como:
"Não tenho dinheiro porque ainda não assumi o controle da minha vida financeira. E a partir de agora vou agir sabiamente para prosperar."
Leia essas novas declarações em voz alta três vezes hoje. Deixe sua mente começar a trabalhar a seu favor.

Oração

Jesus, eu quero ser curado. Eu quero me levantar.
Perdoa-me por todos os momentos em que me escondi atrás da dor.
Eu abro mão da vitimização e assumo o comando da minha história.
Eu não quero mais depender da ação dos outros.
Quero me mover pela Tua Palavra.
Tira de mim essa mentalidade de paralisia.
Veste-me hoje com coragem, com fé e com responsabilidade.
Em Teu nome, amém.

Declaração de poder

1. Eu sou filho amado de Deus.
2. **Não sou vítima, eu sou vencedor.**
3. Sou grato em todas as coisas, mas permaneço inconformado, pois sei que o melhor de Deus ainda está por vir.
4. Sou disciplinado e focado.
5. **Sou corajoso e ousado.**
6. Não aceito a covardia nem a acomodação.
7. Tenho a visão extraordinária de Deus para o meu futuro.
8. Tenho o caráter de Cristo moldando a minha vida.
9. Sou sal e luz neste mundo e, por onde eu passar, brilharei com o amor, a prosperidade e a generosidade.

SER VÍTIMA PODE ATÉ SER VERDADE POR UM TEMPO, MAS PERMANECER NESSE PAPEL É UMA ESCOLHA.

Desperte o poder dentro de você

@PAULOVCOACH

DIA 4

A ILUSÃO DO PASSADO MELHOR

"Nós nos lembramos dos peixes que comíamos de graça no Egito, e também dos pepinos, das melancias, dos alhos porós, das cebolas e dos alhos. Mas agora perdemos o apetite; nunca vemos nada, a não ser este maná!"

(*Números* 11:5-6)

Um dos maiores sabotadores da sua fé é o apego emocional a um passado distorcido. A mente, quando insatisfeita, se torna uma fábrica de saudades seletivas. Ela esquece das correntes, das dores, das noites de choro – e romantiza o que um dia destruiu você. É como se um filtro fosse aplicado na memória: o Egito parece mais agradável do que realmente foi. A escravidão vira conforto. A opressão vira rotina. A dor vira "o tempo bom que não volta mais".

Foi exatamente isso que aconteceu com o povo de Deus no deserto. Eles estavam livres, a caminho da promessa, e começaram a se lembrar do Egito com saudade. Não saudade da liberdade (porque lá não havia), mas dos pratos, sabores e temperos, ou seja, do conforto ilusório da prisão. E então reclamaram do maná – o pão que caía do céu todos os dias como provisão divina. Em outras palavras, estavam dizendo: "Preferimos a comida da escravidão ao alimento da liberdade".

Isso é mais comum do que parece.

Quantas vezes você já desejou voltar a uma fase que lhe fazia mal, só porque o presente está exigindo mais de você? Quantas vezes já pensou em estar novamente com alguém que o feriu, só porque hoje está enfrentando a solidão? Quantas vezes já idealizou um ciclo que terminou, esquecendo que ele quase o matou emocionalmente?

O passado, quando não é curado, vira prisão emocional. E o mais perigoso: ele paralisa o presente e impede o futuro. Você não avança para a Terra Prometida se estiver com o coração no Egito. Deus pode abrir o mar, derramar maná, levantar profetas, mandar direção, no entanto, se sua mente estiver presa ao passado, você vai reclamar no meio do milagre.

Essa ilusão do "antes era melhor" é uma mentira sedutora. A verdade é que o "antes" foi necessário. Ele lhe ensinou e o forjou. Mas acabou e você precisa deixar ir. O novo não chega para quem vive voltando. Deus não liberta quem insiste em se acorrentar ao passado.

Existe algo ainda mais forte à sua espera, e, para acessar, você terá que romper com essa nostalgia disfuncional. Não é o passado que o salva: é o propósito.

A saudade que paralisa é um tipo de idolatria. É colocar o que foi acima do que Deus quer fazer agora. Por isso, hoje é dia de fechar ciclos com firmeza. É dia de dizer: "Eu não volto para o lugar de onde Deus já me tirou".

Você não é mais aquele de antes. E graças a Deus por isso.

Autoexame

Em que área da minha vida eu tenho romantizado o passado e me impedido de viver o novo?

Ação prática

Hoje, pegue seu caderno e responda com sinceridade:

1. Qual "Egito" você ainda idealiza ou sente falta?
2. Quais sofrimentos, vícios ou pessoas você sabe que precisa deixar definitivamente no passado?
3. Quais **três conquistas reais** dos últimos doze meses provam que sua vida está evoluindo?

Leia essas conquistas da terceira questão em voz alta. Honre sua jornada. Agradeça por ter saído do lugar que já não combinava mais com seu destino.

Oração

Senhor, quebra em mim a idolatria do passado.
Cura minhas lembranças contaminadas pela dor.
Dá-me lucidez para discernir que o melhor não ficou para trás, mas está diante de mim.
Eu renuncio ao Egito emocional, à prisão que parecia conforto.
Ensina-me a valorizar o Teu maná diário, mesmo que simples, mesmo que desafiador.
Quero viver com olhos voltados para o Teu propósito, não para as minhas saudades.
Em nome de Jesus, amém.

Declaração de poder

1. Eu sou filho amado de Deus.
2. Não sou vítima, eu sou vencedor.
3. Sou grato em todas as coisas, mas permaneço inconformado, pois sei que o melhor de Deus ainda está por vir.
4. Sou disciplinado e focado.
5. **Sou corajoso e ousado.**
6. Não aceito a covardia nem a acomodação.
7. **Tenho a visão extraordinária de Deus para o meu futuro.**
8. Tenho o caráter de Cristo moldando a minha vida.
9. Sou sal e luz neste mundo e, por onde eu passar, brilharei com o amor, a prosperidade e a generosidade.

DIA 5

A ENERGIA ESPIRITUAL QUE SE PERDE

"Mas aqueles que esperam no Senhor renovam as suas forças. Voam bem alto como águias; correm e não ficam exaustos, andam e não se cansam."

(Isaías 40:31)

Existem dias em que você se sente esgotado – não fisicamente. Seu corpo até dorme, mas sua alma não descansa. Sua mente até para, mas seu espírito continua carregado. Você acorda já cansado. Você se senta, mas não relaxa; tem tempo livre, mas não consegue recarregar. O nome disso é **perda de energia espiritual**.

E esse desgaste não vem apenas das demandas externas. Vem, principalmente, do que você está carregando dentro de si: as conversas tóxicas, as emoções não resolvidas, os pensamentos de escassez, culpa ou medo que se repetem como um mantra silencioso. Vem da murmuração, da insatisfação, da vitimização. Cada uma dessas posturas é como um aplicativo rodando em segundo plano no seu espírito, drenando sua energia sem você perceber.

A murmuração, por exemplo, suga a sua fé. Cada vez que você reclama, está perdendo potência espiritual. Você se enfraquece. A gratidão fortalece, porém a queixa consome. O medo paralisa. O vitimismo bloqueia. A culpa afasta. O orgulho impede o fluir. E, somando tudo isso, você se sente desconectado. Como se orasse sem ser ouvido. Como se trabalhasse sem colher os frutos. Como se fizesse tudo certo, mas ainda assim estivesse travado.

Isso não é azar, é um desgaste espiritual.

A Bíblia diz que os que esperam no Senhor **renovam suas forças**, ou seja, há uma fonte constante de energia espiritual disponível, no entanto, nem todos a acessam. Por quê? Porque muitos estão esperando força de lugares errados. Esperam que venha do reconhecimento, da aceitação, do dinheiro e do conforto. Porém a única força capaz de sustentar o seu espírito **vem do alto**.

Você não foi criado para viver na reserva. Sua mente não foi feita para operar em modo de sobrevivência. Sua alma não nasceu para aguentar – nasceu para voar. Mas, para isso, você precisa aprender a **fechar os vazamentos espirituais e se reconectar com a Fonte**.

- Se continua alimentando pensamentos de escassez, você drena a sua fé.
- Se continua convivendo com ambientes que minam sua verdade, você perde foco.
- Se permite que a alma fique em modo de cobrança o tempo todo, você perde paz.

E onde não há paz, não há poder.

Hoje, Deus quer lhe ensinar algo: **você não precisa de mais força. Você precisa parar de desperdiçar a força que já tem**. Sua mente tem poder. Sua fé tem acesso. Sua alma tem sede. Mas você precisa purificar os canais.

Abandone os pensamentos que drenam.

Abandone as conversas que esgotam.

Abandone o hábito de tentar resolver tudo com a força do braço.

Quem espera no Senhor voa.

Quem tenta se sustentar sozinho desmorona.

Você precisa decidir hoje: ou você se alimenta da presença de Deus, ou continuará se alimentando da ansiedade, da cobrança e da escassez emocional.

Autoexame

> *O que tem drenado minha energia espiritual ultimamente? Estou tentando viver no meu próprio esforço ou estou me conectando à Fonte?*

Ação prática

1. Liste hoje **cinco pensamentos, hábitos ou pessoas** que estão drenando você.
2. Ao lado de cada item, escreva uma atitude prática para se proteger ou se desconectar.
3. Cancele mentalmente – e verbalmente, se necessário – toda declaração ou pensamento de escassez que surgir hoje.
4. E, ao final do dia, faça uma oração de reconexão espiritual.

Pare por cinco minutos. Feche os olhos. Respire. Diga:

"Eu volto à Fonte. Renova minhas forças, Senhor."

Oração

Espírito Santo, eu reconheço que tenho perdido energia com o que não edifica. Tenho me esgotado tentando controlar tudo, tentando agradar a todos, tentando carregar pesos que não são meus.

Hoje eu largo todo o peso que tem me angustiado. Hoje eu descanso.

Eu me desconecto da murmuração, da ansiedade, da autopunição.

E me conecto à Tua presença, à Tua paz, ao Teu renovo.

Sopra sobre mim como vento novo. Enche-me novamente.

Renova minhas forças como a águia.

Em nome de Jesus, amém.

Declaração de poder

1. **Eu sou filho amado de Deus.**
2. Não sou vítima, eu sou vencedor.
3. **Sou grato em todas as coisas, mas permaneço inconformado, pois sei que o melhor de Deus ainda está por vir.**
4. Sou disciplinado e focado.
5. Sou corajoso e ousado.
6. Não aceito a covardia nem a acomodação.
7. Tenho a visão extraordinária de Deus para o meu futuro.
8. Tenho o caráter de Cristo moldando a minha vida.
9. Sou sal e luz neste mundo e, por onde eu passar, brilharei com o amor, a prosperidade e a generosidade.

SUA MENTE TEM PODER. SUA FÉ TEM ACESSO. SUA ALMA TEM SEDE. MAS VOCÊ PRECISA PURIFICAR OS CANAIS.

DIA 6

O PADRÃO MENTAL DO DERROTADO

"Porque, como imagina em sua alma, assim ele é."

(Provérbios 23:7, ARA)

A maior prisão não tem grades, nem cadeados, nem muros altos. A maior prisão é construída dentro da mente.

Você já conheceu alguém que, mesmo com oportunidades diante dos olhos, sempre encontra uma forma de se autossabotar? Alguém que, mesmo rodeado de pessoas que acreditam nele, insiste em acreditar não ser capaz? Alguém que, mesmo dizendo que quer mudar de vida, permanece repetindo as mesmas atitudes, os mesmos erros, os mesmos pensamentos?

Esse é o padrão mental do derrotado. Uma sequência silenciosa de crenças tóxicas que moldam sua percepção, seu comportamento e, por consequência, seu destino. O problema não está nas circunstâncias. Está no código interno, no que essa pessoa acredita sobre si mesma.

A Bíblia é clara: como o homem pensa, assim ele é. Ou seja, **sua vida externa é apenas o reflexo da sua realidade interna**. E se sua mente estiver programada com pensamentos de fracasso, culpa, escassez, medo, inferioridade ou rejeição, não adianta fazer força – você sempre será puxado de volta para o chão das suas crenças.

O padrão mental do derrotado se manifesta em frases como:

- "Isso não é para mim."
- "Com a minha história, ninguém vai me levar a sério."
- "Eu sou assim mesmo, já tentei mudar."
- "Tudo dá errado para mim."
- "Eu não nasci para vencer."

Essas frases podem parecer inofensivas, mas são declarações de derrota travestidas de realismo. São decretos espirituais que reprogramam seu cérebro para operar no modo escassez. É como se houvesse um teto invisível sobre sua vida: você até tenta subir, mas bate a cabeça e desiste.

Pessoas com esse padrão pensam pequeno, se comparam o tempo todo, se sabotam no ápice da bênção e sentem culpa por prosperar. Elas temem o sucesso porque estão inconscientemente convencidas de que **não merecem**. Elas fogem da responsabilidade porque têm medo de falhar. Elas se escondem atrás da humildade, mas no fundo, vivem com vergonha de brilhar.

E a grande verdade é: **enquanto você não mudar o que acredita sobre si mesmo, nada mudará de verdade**. Você pode até começar um novo ciclo, um novo projeto, uma nova fase. Porém, se sua mente for velha, o resultado será o mesmo de sempre.

O padrão mental do derrotado é alimentado por experiências mal resolvidas, por palavras que foram ditas na infância, por traumas não tratados, por culpa mal digerida e por decisões tomadas em momentos de dor, mas hoje você pode romper esse ciclo.

Da mesma forma que a mente derrota, a mente também liberta. Assim como o pensamento pode travar você, ele também pode ativar, pois tudo começa dentro. **Você precisa ver a si mesmo como Deus o vê, pensar sobre si com os pensamentos do Céu.**

E Deus não o vê como pequeno, fraco, indigno ou incapaz. Ele o vê como filho, como herdeiro, com obra-prima, alguém capacitado, separado e cheio de propósito.

Não basta saber isso. Você precisa pensar assim. Falar assim. Agir assim. Alinhar sua vibração com essa verdade.

Hoje, você pode começar a destruir o padrão mental da derrota e construir uma mentalidade de conquista. E isso não é mágica. É escolha e decisão diária. É reprogramação consciente e fidelidade no processo.

Autoexame

Que pensamentos têm me mantido preso? O que eu digo para mim mesmo que revela uma mentalidade de derrota?

Ação prática

Hoje, você vai fazer um exercício de reprogramação.

1. Anote pelo menos **cinco pensamentos sabotadores** que você costuma ter – aqueles que o rebaixam, travam e o colocam para baixo.
2. Em seguida, substitua cada um deles por uma **verdade bíblica e poderosa** sobre você.
3. Durante o dia, leia essas verdades em voz alta. Declare com autoridade. Reforce esse novo padrão.

Por exemplo, um pensamento sabotador pode ser:
"Eu nunca termino o que começo."
E ele pode ser substituído por:

"Eu tenho disciplina, foco e a mente de Cristo. Eu termino tudo que começo com excelência."

Oração

Senhor, eu reconheço que minha mente tem sido campo de batalha.
Muitas vezes, eu mesmo me sabotei com pensamentos de medo, fracasso e inferioridade.
Mas hoje eu me levanto contra toda mentira que aceitei como verdade.
Eu declaro que sou o que o Senhor diz que eu sou.
Eu tenho a mente de Cristo, penso com fé e ajo com coragem.
Renova, Pai, meu entendimento. Alinha meus pensamentos com o Teu propósito.
A partir de hoje, eu construo um padrão mental de vitória.
Em nome de Jesus, amém.

Declaração de poder

1. Eu sou filho amado de Deus.
2. Não sou vítima, eu sou vencedor.
3. Sou grato em todas as coisas, mas permaneço inconformado, pois sei que o melhor de Deus ainda está por vir.
4. **Sou disciplinado e focado.**
5. Sou corajoso e ousado.
6. Não aceito a covardia nem a acomodação.
7. **Tenho a visão extraordinária de Deus para o meu futuro.**
8. Tenho o caráter de Cristo moldando a minha vida.
9. Sou sal e luz neste mundo e, por onde eu passar, brilharei com o amor, a prosperidade e a generosidade.

VOCÊ SEMPRE SERÁ PUXADO DE VOLTA PARA O CHÃO DAS SUAS CRENÇAS.

Desperte o poder dentro de você

@PAULOVCOACH

DIA 7

O PACTO COM O VELHO EU

“Quanto à antiga maneira de viver, vocês foram ensinados a despir-se do velho homem, que se corrompe por desejos enganosos, a serem renovados no modo de pensar e a revestir-se do novo homem, criado para ser semelhante a Deus em justiça e em santidade provenientes da verdade.”

(Efésios 4:22-24)

Você pode mudar de casa, mudar de roupa, mudar de cidade e até mudar de círculo social; porém, se continuar alimentando os mesmos pensamentos, mantendo as mesmas reações e repetindo os mesmos padrões internos, nada vai mudar de verdade. Sabe por quê? Porque o seu velho eu está vivo – e, pior ainda, está no controle.

Todos nós temos dentro de nós uma versão antiga que insiste em sobreviver. Uma versão acostumada a reclamar, se vitimizar, procrastinar e se apegar ao que é conhecido – mesmo que seja destrutivo. O velho eu é aquela parte de você que prefere repetir un ciclo tóxico a enfrentar o desconforto da transformação. Ele negocia a promessa pelo conforto. Troca a verdade pela conveniência. Sabota o novo com argumentos do passado.

E, sem perceber, você vai mantendo pactos com esse velho eu. Pactos silenciosos. Disfarçados de frases como:

- "Eu sou assim mesmo."
- "Já tentei mudar, mas não consigo."
- "Não adianta, tudo dá errado."
- "É só mais um erro, depois eu me acerto."

Essas frases parecem inofensivas, mas são decretos espirituais. São contratos assinados com a versão que Deus já mandou você deixar para trás. Enquanto você continuar alimentando esses pensamentos, estará rejeitando a identidade que o Céu já liberou sobre a sua vida.

O apóstolo Paulo foi direto: é preciso **se despir do velho homem**. Isso não é um processo automático. É uma escolha diária. É uma guerra interna. É um ato de coragem. E também é um pacto: você rompe com um para fazer aliança com outro. Ou você anda com o velho eu ou se veste do novo homem. Os dois não caminham juntos.

O velho eu é inseguro, ansioso, orgulhoso, controlado pelo medo e pela opinião dos outros. Ele busca validação externa porque não conhece seu valor. Ele está preso à escassez, ao passado, à culpa, ao trauma, à crítica e à comparação.

O novo homem é livre, responsável, cheio de fé, enraizado na verdade de Deus. Ele sabe quem é. Ele anda por identidade, não por circunstância. Ele pensa com clareza, fala com poder e age com propósito.

Mas a chave para essa transformação está aqui: **"[Sejam] renovados no modo de pensar"**. Ou seja, tudo começa na mente. A reprogramação espiritual é também uma reprogramação mental. Você não vive o novo pensando como velho, não acessa promessas divinas com pensamentos humanos.

Hoje, Deus o está chamando para um rompimento. Um ato radical. Um desligamento total do velho eu. Talvez isso custe hábitos, amizades, linguagens, padrões emocionais. Mas vai liberá-lo para um novo nível de vida, no qual sua mente vibra alinhada ao Céu, seu coração pulsa identidade e sua alma vive em santidade, sabedoria e poder.

E esse rompimento precisa ser visível. Precisa ser declarado. Precisa ser simbólico. Por isso, hoje, além de refletir, você deve agir.

Autoexame

Em que áreas eu ainda tenho mantido pactos com o velho eu? Quais padrões, frases e hábitos denunciam que minha mente ainda está presa ao passado?

Ação prática

1. Pegue uma folha de papel e escreva nela tudo que representa o seu velho eu: pensamentos, hábitos, medos, vícios emocionais, frases que você repete e que limitam seu crescimento.
2. Depois, **queime essa folha** com consciência e fé, como um ato simbólico de rompimento com essa identidade antiga.
3. Enquanto a folha queima, declare em voz alta:

"Eu rompo com o velho eu. Eu me visto do novo homem em Cristo."

Oração

Senhor, eu me recuso a viver preso a uma versão antiga de mim mesmo.
Hoje, eu rompo com toda mentalidade, padrão, hábito e palavra que ainda me conecta ao meu velho eu.
Eu me dispo do medo, da culpa, da dúvida, da procrastinação e da vitimização.
E me visto da verdade, da fé, da responsabilidade e da identidade que tenho em Cristo.
Renova meu entendimento. Ativa em mim a mente do Céu.
Eu começo uma nova história hoje, com uma nova postura e uma nova consciência.
Em nome de Jesus, amém.

Declaração de poder

1. Eu sou filho amado de Deus.
2. Não sou vítima, eu sou vencedor.
3. Sou grato em todas as coisas, mas permaneço inconformado, pois sei que o melhor de Deus ainda está por vir.
4. Sou disciplinado e focado.
5. Sou corajoso e ousado.
6. Não aceito a covardia nem a acomodação.
7. Tenho a visão extraordinária de Deus para o meu futuro.
8. **Tenho o caráter de Cristo moldando a minha vida.**
9. **Sou sal e luz neste mundo e, por onde eu passar, brilharei com o amor, a prosperidade e a generosidade.**

OU VOCÊ ANDA COM O VELHO EU OU SE VESTE DO NOVO HOMEM. OS DOIS NÃO CAMINHAM JUNTOS.

Desperte o poder dentro de você

@PAULOVCOACH

DIA 8

A MENTE GRATA TRANSFORMA TUDO

"Deem graças em todas as circunstâncias, pois esta é a vontade de Deus para vocês em Cristo Jesus."

(1 Tessalonicenses 5:18)

A maioria das pessoas vive esperando uma grande mudança externa para então se sentirem melhor internamente. Acham que, quando as coisas melhorarem, quando a promoção chegar, quando o relacionamento se ajeitar, quando o milagre acontecer... aí, sim, poderão ser gratas. No entanto, esse é o círculo vicioso que mantém a alma paralisada: condicionamos nossa gratidão às circunstâncias, e com isso, abrimos espaço para a insatisfação dominar a mente.

A gratidão não é consequência. A gratidão é causa. Ela não depende do que você vê, mas do que você escolhe focar. Ela não nasce do conforto, mas da consciência. Gratidão é o código espiritual que transforma ambientes, emoções, percepções – e, principalmente, transforma você.

Uma mente grata não nega os problemas, porém se recusa a viver controlada por eles. Ela encontra sentido até nos processos dolorosos, aprende em meio à crise, vê beleza nos detalhes e reconhece que o simples é milagre. A mente grata entende que, se você acordou hoje, já tem motivo para agradecer.

É por isso que a Bíblia não diz "se tudo der certo, agradeça", mas sim: "Deem graças em **todas as circunstâncias**". A vontade de Deus é que sua mente esteja conectada à gratidão o tempo todo. E não é porque Ele precisa do seu louvor, e sim porque você precisa da transformação que a gratidão gera.

- A mente grata expande a percepção, mas a ingrata distorce a realidade.
- A mente grata atrai abundância, mas a ingrata bloqueia bênçãos.
- A mente grata gera saúde emocional, mas a ingrata fabrica ansiedade.

E essa mudança não acontece de maneira automática. É treino, foco e decisão diária. Por isso, hoje, você precisa fazer uma escolha: ou continua alimentando a escassez emocional que o adoece, ou começa a reprogramar sua mente para enxergar as bênçãos escondidas no seu agora.

Acredite, você já possui mais do que imagina. Vive milagres todos os dias que já se tornaram invisíveis por causa da familiaridade. Você respira sem esforço e enxerga sem pedir. Pensa, sente, anda, toca, ouve. Tem vida, possibilidades, promessas. No entanto, se não houver gratidão, você não consegue perceber nada disso.

Gratidão não é apenas uma virtude espiritual. É um **posicionamento quântico**. É você vibrando alinhado ao poder de Deus, reconhecendo que a Fonte é boa, e que tudo o que chega até você pode ser usado para o seu crescimento, sua lapidação, sua cura.

E sabe o que é mais poderoso? A gratidão muda a atmosfera. Ela muda o clima da casa, do trabalho, da alma. Uma mente grata fala diferente. Sente-se diferente. Toma decisões diferentes, pois está livre da cobrança, da comparação e da queixa.

Hoje é dia de ativar essa mente, de sair da lógica do "reclamar até melhorar" e entrar na verdade do "agradecer até transformar".

Autoexame

Eu tenho agradecido mais ou pedido mais?
Tenho focado naquilo que me falta ou celebrado o que já tenho?

Ação prática

Hoje, você vai fazer o seu primeiro **Diário de Gratidão**.

1. Pegue um caderno e escreva **dez coisas pelas quais você é grato hoje**. Não pule esse passo.
2. Depois, leia em voz alta cada item, pausadamente, sentindo o peso positivo de cada bênção.

Se puder, repita esse exercício todos os dias ao longo da próxima semana. Você vai notar sua vibração interna mudar. Sua fé será ativada. Seu espírito será leve. Sua mente será renovada.

Oração

Senhor, obrigado.
Obrigado pela vida, pela Tua graça, pela provisão, pela esperança, pela Tua presença.
Abre meus olhos para perceber a Tua bondade mesmo nos dias difíceis.
Ensina-me a ser grato mesmo quando não entendo.
Livra-me da reclamação, da comparação e do desânimo.
Eu decido ver como o próprio Deus vê.
E com essa nova visão, eu declaro: meu mundo está sendo transformado de dentro para fora.
Em nome de Jesus, amém.

Declaração de poder

1. **Eu sou filho amado de Deus.**
2. Não sou vítima, eu sou vencedor.
3. Sou grato em todas as coisas, mas permaneço inconformado, pois sei que o melhor de Deus ainda está por vir.
4. Sou disciplinado e focado.
5. **Sou corajoso e ousado.**
6. Não aceito a covardia nem a acomodação.
7. Tenho a visão extraordinária de Deus para o meu futuro.
8. Tenho o caráter de Cristo moldando a minha vida.
9. Sou sal e luz neste mundo e, por onde eu passar, brilharei com o amor, a prosperidade e a generosidade.

UMA MENTE GRATA NÃO NEGA OS PROBLEMAS, MAS SE RECUSA A VIVER CONTROLADA POR ELES.

Desperte o poder dentro de você

@PAULOVCOACH

DIA 9

CONTENTAMENTO: FORÇA QUE NÃO DEPENDE DO EXTERNO

"[...] aprendi a adaptar-me a toda e qualquer circunstância. Sei o que é passar necessidade e sei o que é ter fartura. Aprendi o segredo de viver contente em toda e qualquer situação [...]. Tudo posso naquele que me fortalece."

(Filipenses 4:11-13)

Se você ainda acredita que só será feliz quando tudo estiver certo, vai viver infeliz a maior parte da vida. Porque a verdade é essa: nunca exatamente tudo estará certo. Sempre vai faltar alguma coisa. Sempre haverá um desafio. Sempre haverá algo que poderia ser diferente.

O problema não está no que falta, está na forma como você se relaciona com o que já tem. O verdadeiro contentamento não nasce do externo. Ele nasce da maturidade espiritual.

O apóstolo Paulo escreveu que **aprendeu** a viver contente. Ou seja, não é automático. Não é um dom, é uma construção, um segredo que se aprende, uma escolha diária de ajustar a alma para viver acima das circunstâncias.

O contentamento não é conformismo. Não é se acomodar ou desistir de crescer. Pelo contrário: é a força interior de quem sabe que seu valor, sua paz e sua alegria não estão à venda. Não dependem da aprovação dos outros. Não oscilam com o saldo bancário. Não se abalam com o caos do mundo.

O contentamento é liberdade. Quem tem contentamento é dono de si. Já quem não tem é refém da comparação. Vive no ciclo do "só serei feliz quando...". Quando casar. Quando prosperar. Quando emagrecer. Quando for promovido. Quando for reconhecido. Mas o "quando" vira prisão. E a felicidade vira ilusão.

Você precisa entender: **a ausência de contentamento transforma bênçãos em peso**. O que era para causar alegria, passa a causar frustração. O que era resposta de oração, vira motivo de ingratidão, pois o coração inquieto nunca estará satisfeito. Sempre vai querer mais, vai reclamar do agora e vai se distrair com o que ainda não aconteceu.

E o pior: quem vive insatisfeito contamina tudo ao redor. Espalha queixa. Irrita os céus. Trava o fluir. A murmuração não atrasa só o coração, ela é capaz de atrasar até o destino, os planos de Deus para você.

Por isso, hoje é dia de romper com essa dependência emocional do "externo perfeito". Hoje é dia de ativar a força do contentamento – essa força interna que vem do Céu. Então, eu o convido a declarar: **"Mesmo que ainda não seja como eu quero, já é mais do que suficiente para eu agradecer"**. Quando você vibra gratidão, mesmo antes da resposta, libera o Céu para agir a seu favor.

Quem é grato hoje será promovido amanhã.

Quem honra o pouco atrai o muito.

Quem vibra contentamento acessa paz e sabedoria.

E sim: você pode aprender esse segredo e decidir estar pleno hoje, pois a paz não chega quando tudo muda. A paz chega quando você muda a forma de ver tudo.

Autoexame

O que tem roubado minha paz? Estou esperando o que para ser feliz, em vez de agradecer pelo agora?

Ação prática

1. Hoje, declare ao longo do dia:
   "Eu estou pleno em Cristo. Tudo que eu preciso para hoje, eu já tenho."
2. Faça uma lista com **três coisas que ainda não são como você gostaria**, mas que você escolhe agradecer mesmo assim.
3. Transforme cada uma delas em uma oração de confiança.

Por exemplo, um dos itens da sua lista pode ser:

"Minha vida financeira está difícil."

E você poderá transformá-lo em:

"Mesmo com desafios, obrigado, Senhor, porque Tu és é meu provedor. Nada me faltará."

Oração

Senhor, ensina-me o segredo do contentamento.

Quero viver com a alma leve, independente das circunstâncias.

Eu renuncio à comparação, à cobrança e à murmuração.

Hoje, eu declaro: já sou abençoado. Já sou completo. Já tenho motivos para agradecer.

Ajuda-me a confiar, esperar e descansar.

Meu coração está seguro em Ti.

Tudo posso naquele que me fortalece.

Em nome de Jesus, amém.

Declaração de poder

1. Eu sou filho amado de Deus.
2. Não sou vítima, eu sou vencedor.
3. Sou grato em todas as coisas, mas permaneço inconformado, pois sei que o melhor de Deus ainda está por vir.
4. Sou disciplinado e focado.
5. Sou corajoso e ousado.
6. **Não aceito a covardia nem a acomodação.**
7. **Tenho a visão extraordinária de Deus para o meu futuro.**
8. Tenho o caráter de Cristo moldando a minha vida.
9. Sou sal e luz neste mundo e, por onde eu passar, brilharei com o amor, a prosperidade e a generosidade.

O PROBLEMA NÃO ESTÁ NO QUE FALTA. ESTÁ NA FORMA COMO VOCÊ SE RELACIONA COM O QUE JÁ TEM.

Desperte o poder dentro de você

@PAULOVCOACH

DIA 10

A LEI DA COLHEITA: AUTORRESPONSABILIDADE

"Não se deixem enganar: de Deus não se zomba. Pois o que o homem semear, isso também colherá."

(*Gálatas 6:7*)

A vida que você está vivendo hoje é, em grande parte, fruto das sementes plantadas ontem. Essa é uma das verdades mais simples e mais ignoradas pelas pessoas. Todos querem colher prosperidade, paz, relacionamentos saudáveis, abundância espiritual e emocional, porém poucos estão dispostos a olhar de maneira honesta para o que estão semeando diariamente com suas atitudes, palavras, escolhas e pensamentos.

A Bíblia deixa claro que não se zomba de Deus. Isso significa que não adianta espiritualizar o que é responsabilidade pessoal. O que você planta, você colhe. Isso não é julgamento, é justiça, princípio, lei espiritual.

Se alguém planta negligência nos relacionamentos, não pode esperar colher conexão profunda. Se planta reclamação, não colherá contentamento. Se planta procrastinação, não verá realização. Mas a maioria prefere culpar as circunstâncias, as pessoas, o passado, o diabo – qualquer coisa que os isente da responsabilidade sobre os próprios resultados.

Autorresponsabilidade é a decisão corajosa de sair da posição de vítima e assumir o controle da própria semeadura. É olhar para os frutos e perguntar: "O que eu fiz (ou deixei de fazer) para estar colhendo isso?". Não se trata de sentir culpa, mas de ter consciência. E consciência é o primeiro passo para transformação.

A grande virada de chave acontece quando você entende que, se foi você quem plantou o que colheu de ruim, quer dizer que também pode plantar diferente e colher melhor. A mudança está ao alcance da sua decisão. A vida responde a padrões que, por sua vez, são criados por hábitos consistentes.

O mais incrível é que Deus, em Sua graça, é capaz de restaurar terrenos danificados, regenerar sementes e acelerar colheitas. Mas Ele jamais fará por você o que é responsabilidade sua. Ele coopera com quem planta, multiplica o que é semeado com fé e honra quem age com responsabilidade e perseverança.

Portanto, não se trata apenas de querer uma nova colheita. Trata-se de começar hoje a semear com consciência, fé e ação. Sua vida muda quando você muda o que planta todos os dias.

Autoexame

Que colheitas difíceis da minha vida atual são consequência direta das sementes que venho plantando há meses ou anos? O que eu preciso parar de semear? E o que preciso começar a plantar com urgência?

Ação prática

1. Escolha uma área específica da sua vida onde a colheita tem sido frustrante – pode ser nas finanças, nos relacionamentos, na saúde, no trabalho ou na vida espiritual.
2. Agora, anote três ações práticas que você pode adotar a partir de hoje para mudar a qualidade da semente que está lançando nesse terreno.
3. Comprometa-se a praticá-las pelos próximos sete dias.

Exemplo:

- Se sua vida emocional está desequilibrada, plante disciplina com horários e limites.
- Se sua vida espiritual está fraca, semeie tempo intencional com Deus.
- Se sua vida financeira está em caos, comece com ordem, planejamento e generosidade.

Oração

Senhor, hoje eu escolho parar de apontar o dedo para fora e começar a olhar com verdade para dentro de mim.
Eu reconheço que colhi coisas que nasceram de sementes erradas – e assumo isso.
Mas eu também creio que o Senhor me dá uma nova chance de plantar diferente.
Dá-me sabedoria para escolher boas sementes, e perseverança para mantê-las no solo, mesmo sem resultados imediatos.
Eu me comprometo a plantar com fé, agir com responsabilidade e esperar com esperança.
A minha colheita será poderosa, porque minha semeadura será intencional.
Em nome de Jesus, amém.

Declaração de poder

1. Eu sou filho amado de Deus.
2. Não sou vítima, eu sou vencedor.
3. **Sou grato em todas as coisas, mas permaneço inconformado, pois sei que o melhor de Deus ainda está por vir.**
4. Sou disciplinado e focado.
5. Sou corajoso e ousado.
6. Não aceito a covardia nem a acomodação.
7. Tenho a visão extraordinária de Deus para o meu futuro.
8. **Tenho o caráter de Cristo moldando a minha vida.**
9. Sou sal e luz neste mundo e, por onde eu passar, brilharei com o amor, a prosperidade e a generosidade.

SUA VIDA MUDA QUANDO VOCÊ MUDA O QUE PLANTA TODOS OS DIAS.

Desperte o poder dentro de você

@PAULOVCOACH

DIA 11

O PODER DO LOUVOR

"Bendirei o Senhor o tempo todo!
Os meus lábios sempre o louvarão."

(Salmos 34:1)

Muitos pensam que louvor é só música de igreja. Mas o louvor verdadeiro é muito mais do que um som – é uma arma espiritual. É uma decisão estratégica da alma. É um posicionamento de fé que muda atmosferas, que derruba fortalezas invisíveis, que abre portas no mundo espiritual mesmo quando nada se move no natural.

O louvor não é um prêmio para quem já venceu. É uma declaração de quem decidiu vencer – mesmo antes de a vitória chegar. É quando você olha para o caos, para o deserto, para a ausência, e mesmo assim decide abrir a boca e exaltar a bondade de Deus. Isso confunde o inferno, atrai o Céu e fortalece o espírito.

Davi entendeu esse segredo. Ele disse: "Bendirei o Senhor o tempo todo". Não só quando tudo vai bem, mas o tempo todo. Na dor, na perda, na espera, na dúvida, na escassez. Ele sabia que o louvor não é resposta à emoção – é resposta à convicção. E a convicção de que Deus é bom nunca muda, mesmo quando as circunstâncias são difíceis.

O louvor liberta, como aconteceu com Paulo e Silas na prisão. O louvor atrai a presença de Deus, como nos salmos. O louvor prepara o terreno para milagres, como aconteceu com Josafá quando os levitas foram à frente da batalha cantando. O louvor antecipa vitórias.

Murmurar é fácil. Qualquer um faz. No entanto, louvar é para quem tem uma fé madura. Para quem entendeu que o som que sai da boca pode abrir caminhos ou fechar destinos. A reclamação prende, já o louvor desbloqueia.

Louvar é declarar: "Eu sei quem está no controle, mesmo quando não entendo o caminho".

Louvar é dizer: "Minha alma sente dor, mas minha boca exalta ao Deus da minha salvação".

Louvar é elevar a frequência espiritual até alinhar sua mente e seu corpo com a realidade do Céu.

E o mais poderoso? O louvor transforma você. Ele quebra o orgulho. Tira o foco do problema. Cura feridas internas. Enche o coração de esperança. Fortalece a sua fé. O louvor lhe devolve ao seu lugar de filho – não de mendigo pedindo esmolas emocionais, mas de herdeiro que reconhece a soberania de um bom Pai.

Hoje, escolha louvar. Mesmo com lágrimas nos olhos. Mesmo sem respostas. Mesmo com o coração em silêncio. Porque quando o louvor sobe, o Céu se move e tudo muda.

Autoexame

Eu tenho louvado apenas quando tudo vai bem? Ou tenho usado minha boca para liberar reclamações, dúvidas e murmurações?

Ação prática

Hoje, separe um momento intencional para louvar.
Feche a porta do seu quarto, coloque um louvor que fale com sua alma e **ajoelhe-se por trinta minutos apenas para adorar a Deus – sem pedir nada, só para agradecer e exaltá-Lo**.
Declare com fé:
"Eu Te louvo não pelo que tens feito, mas por quem Tu és. Mesmo sem ver, eu confio. Mesmo sem sentir, eu Te adoro."

Oração

Senhor, eu escolho Te louvar em todo tempo.
Mesmo quando não entendo. Mesmo quando dói. Mesmo quando tudo parece parado.
Hoje eu levanto um altar de adoração no meio do meu deserto.
Minha boca não é instrumento de queixa, mas de louvor e adoração.
Eu declaro que o Senhor é bom, fiel, poderoso, soberano.
E mesmo que nada mude por fora, tudo já está mudando por dentro.
Recebe meu louvor, Pai. Ele é minha semente de fé.
Em nome de Jesus, amém.

Declaração de poder

1. Eu sou filho amado de Deus.
2. **Não sou vítima, eu sou vencedor.**
3. Sou grato em todas as coisas, mas permaneço inconformado, pois sei que o melhor de Deus ainda está por vir.
4. Sou disciplinado e focado.
5. Sou corajoso e ousado.
6. Não aceito a covardia nem a acomodação.
7. **Tenho a visão extraordinária de Deus para o meu futuro.**
8. Tenho o caráter de Cristo moldando a minha vida.
9. Sou sal e luz neste mundo e, por onde eu passar, brilharei com o amor, a prosperidade e a generosidade.

DIA 12

A PROSPERIDADE COMEÇA COM UM CORAÇÃO GRATO

"Mas lembrem-se do Senhor, do seu Deus, pois é ele que lhes dá a capacidade de produzir riqueza, confirmando a aliança que jurou aos seus antepassados, conforme hoje se vê."

(Deuteronômio 8:18)

A maioria das pessoas associa prosperidade a dinheiro. Mas a prosperidade bíblica vai muito além de cifras. Prosperidade é plenitude. É viver com senso de propósito. É ter paz na alma, força nas mãos e direção no espírito. É ver as áreas da vida florescendo porque a raiz está conectada à Fonte certa.

E a raiz da verdadeira prosperidade é a gratidão.

Sim, gratidão. Porque o ingrato bloqueia o fluir. Ele trava o acesso ao novo. Ele transforma bênçãos em peso. Ele contamina o ambiente com queixa, comparação e ganância. Já o grato multiplica o que tem. Honra o que recebeu. Atrai bênçãos sem medida. Toca o coração de Deus.

O ingrato está sempre dizendo "não é suficiente". O grato declara "já é mais do que mereço". Um opera na escassez; o outro vibra abundância. E o que você vibra, você atrai.

A gratidão é uma porta espiritual. E mais do que isso: é um código do Reino. Aquele que honra a Fonte jamais viverá desconectado do fluxo. É por isso que o versículo de hoje começa com uma ordem clara: "Lembrem-se do Senhor". Em outras palavras: não esqueça Quem o sustentou, Quem lhe deu forças para conquistar, Quem o livrou dos perigos que você nem viu.

Deus não tem problema com riqueza. O problema é quando a riqueza ocupa o lugar da Fonte. Quando o dinheiro vira o foco, e o doador da provisão é esquecido. Quando o que se tem parece mais importante do que quem deu.

Por isso, o caminho para a prosperidade verdadeira começa com um coração grato. Não é só agradecer com palavras, mas viver em estado de gratidão. É ter uma mentalidade que reconhece a ação de Deus em tudo: no ar que respira, na força para trabalhar, nas portas que se abriram, nos livramentos que não foram vistos.

Gratidão não é apenas sentimento. É uma decisão. E é essa decisão que libera favor, ativa milagres, protege a mente da escassez e o coração da ganância. O ingrato sempre sente que falta algo. O grato vive como quem já recebeu o suficiente e por isso está preparado para receber ainda mais.

Você quer prosperar? Comece com um altar de gratidão. Agradeça antes de receber. Honre antes de conquistar. Reconheça antes de crescer.

Porque o grato atrai o Céu, alinha-se com a generosidade de Deus e vive com mãos abertas para receber e, sobretudo, para repartir.

Hoje é dia de parar tudo e agradecer por todos os detalhes, inclusive pelas dores na jornada, pois elas lhe ensinaram e moldaram. A gratidão é o solo no qual a prosperidade floresce. E o coração grato é sempre um coração fértil em que brotam provisão e sustento.

Autoexame

Tenho reconhecido Deus como minha verdadeira fonte?
Ou tenho colocado minha segurança no dinheiro,
nas pessoas ou na força do meu próprio braço?

Ação prática

1. Escolha uma atitude de gratidão radical. Doe algo de valor hoje – não aquilo que sobra, mas algo que representa honra e fé. Pode ser uma oferta, um presente, uma ajuda financeira, um tempo de qualidade. Faça isso como ato profético de rompimento com a escassez.
2. E, além disso, escreva uma carta de gratidão a Deus. Liste doze motivos pelos quais você é grato – mesmo em áreas onde ainda não tenha visto o milagre.
3. Leia essa carta em voz alta. Transforme as palavras escritas em adoração.

Oração

Senhor, eu reconheço: tudo que tenho vem de Ti.
Tu és a minha fonte, minha provisão, minha segurança.
Perdoa-me por toda vez que reclamei, me comparei ou desprezei o que recebi.
Hoje eu escolho viver com um coração grato.
Mesmo antes da abundância, eu Te agradeço.
Mesmo sem ver o milagre completo, eu Te louvo.
Ensina-me a viver com generosidade, fidelidade e honra.
Multiplica em mim a sabedoria e a consciência da Tua presença.
Eu declaro: prosperarei com propósito e viverei com gratidão.
Em nome de Jesus, amém.

Declaração de poder

1. Eu sou filho amado de Deus.
2. Não sou vítima, eu sou vencedor.
3. Sou grato em todas as coisas, mas permaneço inconformado, pois sei que o melhor de Deus ainda está por vir.
4. **Sou disciplinado e focado.**
5. **Sou corajoso e ousado.**
6. Não aceito a covardia nem a acomodação.
7. Tenho a visão extraordinária de Deus para o meu futuro.
8. Tenho o caráter de Cristo moldando a minha vida.
9. Sou sal e luz neste mundo e, por onde eu passar, brilharei com o amor, a prosperidade e a generosidade.

A GRATIDÃO É O SOLO NO QUAL A PROSPERIDADE FLORESCE.

Desperte o poder dentro de você

@PAULOVCOACH

DIA 13

AUTORRESPONSABILIDADE: O SEGREDO DOS GRANDES

*"Quem esconde os seus pecados
não prospera, mas quem os confessa
e os abandona encontra misericórdia."*

(Provérbios 28:13)

Todos querem vencer. Todos desejam resultados extraordinários. Poucos estão dispostos a carregar o peso da responsabilidade que a grandeza exige.

A maioria das pessoas quer os frutos, mas não quer cavar o solo. Quer as conquistas, mas foge do processo. Quer os aplausos, mas evita o espelho. E enquanto isso, continuam estagnadas, esperando que algo mude de fora para dentro – quando, na verdade, a mudança só ocorre quando o alinhamento acontece de dentro para fora.

A autorresponsabilidade é o divisor de águas entre a mediocridade e a grandeza. E ela começa com uma decisão simples e confrontadora: **parar de justificar e começar a transformar**.

Quem justifica diz: "Não é minha culpa".

Quem se responsabiliza diz: "Pode não ser minha culpa, mas é minha responsabilidade".

- Você não é responsável pelo que fizeram com você – mas é responsável pelo que faz com isso.
- Você não controla o que acontece – mas controla como responde.
- Você não pode mudar o passado – mas pode reescrever o futuro com as decisões que toma hoje.

O versículo de hoje traz uma chave poderosa: esconder o erro trava a prosperidade. Fingir que está tudo bem quando não está é um sabotador silencioso. A omissão gera estagnação. A negação paralisa. A vergonha adia curas profundas.

No entanto há cura na exposição. Há restauração na verdade. Há poder no reconhecimento. Confessar não é fraqueza – é maturidade. Admitir uma falha é o início da liberdade. É tirar da escuridão aquilo que o tem mantido preso.

Os grandes não são perfeitos. Eles apenas escolheram ser responsáveis, assumem, corrigem e pedem ajuda. Eles têm coragem de dizer: "Eu errei, mas vou ajustar". E por isso crescem. Porque Deus não abençoa máscaras. Ele honra quem caminha na luz.

Autorresponsabilidade é ação. É compromisso com a verdade. É consistência. É decidir que você não será mais prisioneiro da omissão, da inércia, da desculpa. É dizer: "Se eu quero viver algo grande, preciso me tornar alguém grande".

Hoje é o dia de romper com o ciclo da autoproteção e da vitimização. De encarar o que você tem evitado, de fazer o que precisa ser feito – mesmo que doa. Porque toda vez que se esconde, você trava. Mas toda vez que se expõe com verdade, você avança.

Autoexame

O que eu tenho justificado em vez de resolver?
Há algo que preciso confessar, ajustar ou consertar com alguém ou diante de Deus?

Ação prática

Hoje, identifique **uma área da sua vida onde você tem se omitido ou se escondido**.

Pode ser um pecado não tratado, um erro que você tem fingido não existir, uma conversa que você está evitando, ou uma responsabilidade negligenciada.

Escolha uma dessas áreas e dê o primeiro passo: confesse, peça perdão, procure ajuda ou assuma o que precisa ser feito. Rompa com o silêncio. Liberte sua consciência.

Oração

Senhor, eu reconheço que muitas vezes tenho me escondido por medo, orgulho ou vergonha.
Mas hoje eu me levanto com coragem.
Não quero mais viver pela metade.
Eu confesso minhas falhas diante de Ti e escolho a verdade que liberta.
Tira de mim o espírito de negação, a mentalidade de vítima e a covardia de quem foge.
Dá-me forças para encarar o que precisa ser resolvido e graça para recomeçar.
Eu escolho ser responsável, mesmo quando é difícil.
Porque sei que a autorresponsabilidade me conduz à grandeza.
Em nome de Jesus, amém.

Declaração de poder

1. **Eu sou filho amado de Deus.**
2. **Não sou vítima, eu sou vencedor.**
3. Sou grato em todas as coisas, mas permaneço inconformado, pois sei que o melhor de Deus ainda está por vir.
4. Sou disciplinado e focado.
5. Sou corajoso e ousado.
6. Não aceito a covardia nem a acomodação.
7. Tenho a visão extraordinária de Deus para o meu futuro.
8. Tenho o caráter de Cristo moldando a minha vida.
9. Sou sal e luz neste mundo e, por onde eu passar, brilharei com o amor, a prosperidade e a generosidade.

POUCOS ESTÃO DISPOSTOS A CARREGAR O PESO DA RESPONSABILIDADE QUE A GRANDEZA EXIGE.

Desperte o poder dentro de você

@PAULOVCOACH

DIA 14

MENTE RENOVADA, DESTINO RENOVADO

"Não se amoldem ao padrão deste mundo,
mas transformem-se pela renovação
da sua mente, para que sejam capazes
de experimentar e comprovar a boa,
agradável e perfeita vontade de Deus."

(Romanos 12:2)

Toda transformação começa na mente. Antes de uma mudança acontecer no seu ambiente, no seu trabalho, no seu casamento ou nas suas finanças – ela precisa acontecer dentro de você. A renovação verdadeira não é externa. Ela é interna. Invisível. Porém extremamente poderosa.

Você não muda a sua vida alterando o cenário, e sim mudando o sistema que governa seus pensamentos. Porque é a mente que dita o ritmo, define as escolhas, molda as emoções e pavimenta os caminhos que você vai seguir. **Você não vive o que deseja. Você vive o que acredita**.

E o problema é que muita gente quer um destino novo com uma mente velha. Quer um relacionamento saudável, mas continua com padrões emocionais disfuncionais. Quer prosperar, mas carrega crenças profundas de escassez. Quer viver o propósito, mas ainda pensa como alguém sem identidade. É impossível viver o novo com os pensamentos do velho.

A mente humana é como um solo fértil. Ela dará fruto daquilo que você plantar continuamente. Se você semeia medo, colhe paralisia. Se semeia culpa, colhe autossabotagem. Se semeia ressentimento, colhe isolamento. Agora, se semeia fé, colhe coragem. Se semeia a Palavra, colhe sabedoria. Se semeia verdade, colhe liberdade.

Paulo nos alerta: "Não se amoldem ao padrão deste mundo". Em outras palavras: não aceite como normal aquilo que a cultura dita. Não pense como todo mundo pensa. Não absorva como verdade o que o mundo considera aceitável. Existe um outro padrão. Existe uma mente que precisa ser formada em você – a mente de Cristo.

A mente renovada vê além das circunstâncias. Ela interpreta a vida a partir da verdade do Céu, não da dor da Terra. Ela não se alimenta de novelas, fofocas, distrações e redes sociais, que só aumentam a ansiedade, se alimenta de princípios eternos. Ela filtra, discerne e não se curva a qualquer pensamento que aparece – ela decide no que acreditar.

Se você quer viver a boa, agradável e perfeita vontade de Deus, deve começar renovando sua mente todos os dias. Isso não é automático. É escolha diária, disciplina e exposição constante à Palavra, à verdade, à adoração. Renovar a mente é trocar a mentira pelo princípio. O engano pela revelação. O ruído pela voz de Deus.

Seu destino está diretamente conectado à qualidade da sua mentalidade. E se hoje você decidir trocar o sistema do mundo pelo sistema do Reino, os frutos vão aparecer. Uma mente renovada transforma tudo. Porque ela muda a forma de ver, sentir, reagir, decidir e viver.

Autoexame

Quais pensamentos repetitivos ainda estão moldando minha vida com base em dor, medo ou mentira?
Em que área eu mais preciso alinhar minha mente com a verdade da Palavra?

Ação prática

Hoje, você vai fazer um exercício de **substituição mental**.

1. Anote três pensamentos tóxicos que costumam dominar sua mente.
2. Ao lado de cada um, escreva uma verdade bíblica que anule e substitua esse padrão.
3. Durante o dia, declare essas verdades em voz alta, até que sua mente comece a se alinhar com elas.

Por exemplo, se você anotou algo como:
"Eu sou incapaz, não consigo."
Então pode usar a verdade bíblica:
"Tudo posso naquele que me fortalece." (Filipenses 4:13)

Oração

Senhor, eu reconheço que muitas vezes fui prisioneiro dos meus próprios pensamentos.
Acreditei em mentiras. Aceitei rótulos. Repeti padrões que me afastaram de Ti.
Mas hoje, eu tomo uma decisão: renovar minha mente com a Tua verdade.
Tira de mim todo pensamento tóxico, limitado e paralisante.
Planta em mim a mente de Cristo. Alinha meus pensamentos com Teus planos.
Que cada decisão minha a partir de hoje venha de uma mente saudável, cheia de fé e sabedoria.
Renova meu entendimento, e transforma meu destino.
Em nome de Jesus, amém.

Declaração de poder

1. Eu sou filho amado de Deus.
2. Não sou vítima, eu sou vencedor.
3. **Sou grato em todas as coisas, mas permaneço inconformado, pois sei que o melhor de Deus ainda está por vir.**
4. Sou disciplinado e focado.
5. **Sou corajoso e ousado.**
6. Não aceito a covardia nem a acomodação.
7. Tenho a visão extraordinária de Deus para o meu futuro.
8. Tenho o caráter de Cristo moldando a minha vida.
9. Sou sal e luz neste mundo e, por onde eu passar, brilharei com o amor, a prosperidade e a generosidade.

SEU DESTINO ESTÁ DIRETAMENTE CONECTADO À QUALIDADE DA SUA MENTALIDADE.

Desperte o poder dentro de você

@PAULOVCOACH

DIA 15

A FREQUÊNCIA DA FÉ

"Ora, a fé é a certeza daquilo que esperamos e a prova das coisas que não vemos."

(*Hebreus* 11:1)

A fé não é apenas uma crença religiosa. A fé é uma frequência espiritual. É uma vibração interior que conecta você ao invisível de Deus e sincroniza sua mente e emoções com o Céu. Assim como um rádio precisa estar na frequência certa para captar uma estação, sua alma precisa estar na frequência da fé para captar os sinais do sobrenatural.

Vivemos em um mundo onde tudo é imediato. Queremos provas, garantias, confirmações visíveis. Mas o Reino de Deus opera de maneira oposta: **a fé crê antes de ver, age antes de ter, agradece antes de receber**. E esse é um dos maiores desafios espirituais: manter-se em frequência de fé mesmo quando tudo ao redor grita dúvida, escassez e desânimo.

A fé verdadeira não é cega. Ela enxerga melhor do que os olhos naturais e vê além das circunstâncias. Ela reconhece o mover de Deus antes que qualquer coisa se manifeste no físico. Quem vive pela fé caminha por convicção, não por aparência. Age com base na promessa, não na lógica. E isso não é alienação – é alinhamento.

Por isso, tanta gente perde a conexão com o Céu: porque ajusta sua "frequência interna" àquilo que vê no noticiário, nas redes sociais, nos boletos, nos diagnósticos e, assim, sem perceber, troca a frequência da fé pela frequência do medo. Passa a vibrar ansiedade, preocupação, negatividade e, com isso, se desconecta do sobrenatural.

Mas aqui está a verdade: **a fé é uma decisão vibracional**. Ela é cultivada, alimentada e ativada pela Palavra, pelo louvor, pela gratidão, pela oração. Cada vez que você declara a promessa de Deus com convicção, mesmo sem ver, sobe de frequência. Cada vez que você age com coragem, mesmo com medo, acessa outro nível espiritual.

A frequência da fé é contagiante. Ela atrai respostas, abre portas, quebra cadeias, move o invisível, alinha sua identidade com o propósito e, principalmente, transforma sua forma de viver: porque você deixa de reagir ao que acontece e passa a viver guiado pelo que acredita.

Hoje, Deus o está chamando para sair da frequência da dúvida e subir. Ajustar seu coração. Sintonizar seus pensamentos com a voz d'Ele. E declarar com ousadia: **"Mesmo sem ver, eu creio. Mesmo sem ter, eu já agradeço. Mesmo em silêncio, Deus está agindo"**.

Autoexame

Em que área da minha vida eu tenho permitido que a dúvida fale mais alto do que a fé? O que eu tenho declarado: promessa ou problema?

Ação prática

1. Escolha **uma promessa bíblica** que fale diretamente com a área em que você mais tem sentido medo ou insegurança.
2. Escreva essa promessa em um papel, cole em um lugar visível e declare em voz alta pelo menos **sete vezes hoje**.
3. Depois, **dê um passo prático de fé**: faça algo que você só faria se tivesse plena convicção de que Deus está no controle – mesmo que seja pequeno.

Oração

Senhor, hoje eu elevo minha frequência para Te encontrar.
Eu escolho crer, mesmo quando não vejo.
Eu rejeito a dúvida, a ansiedade e a incredulidade.
Sintoniza meu coração com Tua verdade.
Ajusta meus pensamentos à Tua promessa.
Ativa em mim a fé que move montanhas.
Eu declaro: nada vai me tirar dessa frequência.
Eu viverei pela fé. Caminharei por convicção.
E verei o impossível se manifestar, para a glória do Teu nome.
Em nome de Jesus, amém.

Declaração de poder

1. Eu sou filho amado de Deus.
2. **Não sou vítima, eu sou vencedor.**
3. Sou grato em todas as coisas, mas permaneço inconformado, pois sei que o melhor de Deus ainda está por vir.
4. Sou disciplinado e focado.
5. Sou corajoso e ousado.
6. Não aceito a covardia nem a acomodação.
7. **Tenho a visão extraordinária de Deus para o meu futuro.**
8. Tenho o caráter de Cristo moldando a minha vida.
9. Sou sal e luz neste mundo e, por onde eu passar, brilharei com o amor, a prosperidade e a generosidade.

DIA 16

LOUVOR ANTES DA VITÓRIA

"[...] Josué ordenou ao povo: 'Gritem! O Senhor lhes entregou a cidade!' [...] Quando soaram as trombetas o povo gritou. Ao som das trombetas, e do forte grito, o muro caiu. Cada um atacou do lugar onde estava, e tomaram a cidade."

(Josué 6:16, 20)

Existe um louvor que nasce da gratidão pela bênção recebida. Porém existe um outro tipo de louvor, mais raro, mais poderoso e mais desafiador, que nasce **antes da bênção chegar**.

Louvar depois da vitória é natural, porém louvar antes da muralha cair é profético.

Esse é o tipo de louvor que **antecipa o milagre**, rompe o ciclo da espera passiva e declara: "Mesmo sem ver, já celebro. Mesmo sem ter, já agradeço. Mesmo sem sinais, já grito de vitória".

Foi exatamente isso que aconteceu com o povo de Israel. Diante de Jericó, uma cidade fortificada, com muros impossíveis de derrubar, Deus dá uma ordem desconcertante: **"Andem em silêncio por seis dias. No sétimo, gritem"**. Não era uma estratégia militar. Era uma ativação espiritual.

O grito não foi consequência da queda dos muros, ele foi **a causa**.

E isso revela um princípio do Reino: **o louvor é uma arma de guerra**. Ele não é entretenimento. Não é uma "introdução" à Palavra. É uma declaração de fé, um ato de autoridade, um rompimento com a lógica e uma ativação do sobrenatural.

Mas por que é tão difícil louvar antes da vitória?

Porque a alma quer garantias. A mente quer controle. O coração quer ver primeiro, para depois crer. No entanto, Deus diz: **"Creia primeiro. Louve primeiro. Posicione-se primeiro"**.

Louvar antes da resposta exige maturidade espiritual. Requer confiança profunda. Requer entrega total. Porque nesse tipo de louvor, você não depende do resultado – você se ancora na fidelidade de quem prometeu. É como se o coração dissesse: "Mesmo que não aconteça, Tu ainda és digno e eu Te amo, Senhor".

E aqui está o segredo: esse tipo de fé move os Céus. Esse tipo de louvor abala os alicerces do inferno. Esse tipo de obediência liberta, rompe ciclos, quebra cadeias invisíveis e destrava destinos, pois não se trata da força do som, e sim do poder da fé por trás do som.

Você tem muralhas diante de si hoje? Desafios que parecem impossíveis? Áreas onde tudo está fechado, bloqueado, travado? **Não espere cair para louvar. Louve para cair.**

Hoje, o Céu está lhe dando uma estratégia: substitua o silêncio da dúvida pelo som da adoração. Troque o lamento pelo grito de fé. Não grite por desespero. Grite por certeza. Grite por alinhamento. Grite porque você sabe quem está ao seu lado.

O seu louvor é uma semente espiritual. Quando você louva, planta no invisível a colheita do visível. Quando exalta a Deus antes do milagre, você se alinha com o Reino, e, quando o Céu vê fé em movimento, tenha a plena certeza de que ele responde.

Autoexame

Tenho esperado o milagre acontecer para então me alegrar? Ou estou disposto a viver uma fé que louva mesmo em meio à guerra?

Ação prática

1. Hoje, separe **trinta minutos para um louvor intencional**. Coloque músicas que declaram a fidelidade e o poder de Deus. Faça isso de joelhos, em voz alta, com o coração rendido. Não peça nada. Apenas louve. Exalte. Grite, se for preciso.
2. Depois, escreva no seu diário uma frase como esta: "Mesmo com as muralhas de pé, eu já celebro a vitória".
3. Repita isso durante o dia. Louve em silêncio. Louve em voz alta. Mas **louve antes de ver**.

Oração

Senhor, eu Te louvo hoje – não pelo que vejo, mas pelo que creio.
Eu Te adoro antes da muralha cair. Antes da resposta chegar. Antes do milagre se manifestar.
Porque sei que Tu és fiel, mesmo no silêncio. Tu és poderoso, mesmo na espera.
Tira de mim todo espírito de reclamação e murmuração.
Coloca em mim o espírito do louvor, da fé e da obediência.
Que o meu grito hoje seja som de confiança, não de desespero.
Eu me alinho com o Céu e declaro: já venci, em nome de Jesus.
Amém.

Declaração de poder

1. Eu sou filho amado de Deus.
2. Não sou vítima, eu sou vencedor.
3. Sou grato em todas as coisas, mas permaneço inconformado, pois sei que o melhor de Deus ainda está por vir.
4. **Sou disciplinado e focado.**
5. Sou corajoso e ousado.
6. Não aceito a covardia nem a acomodação.
7. Tenho a visão extraordinária de Deus para o meu futuro.
8. Tenho o caráter de Cristo moldando a minha vida.
9. **Sou sal e luz neste mundo e, por onde eu passar, brilharei com o amor, a prosperidade e a generosidade.**

HOJE, O CÉU ESTÁ LHE DANDO UMA ESTRATÉGIA: SUBSTITUA O SILÊNCIO DA DÚVIDA PELO SOM DA ADORAÇÃO.

Desperte o poder dentro de você

@PAULOVCOACH

DIA 17

O CORPO VIBRA O QUE A ALMA CARREGA

*"O coração bem disposto
é remédio eficiente, mas o espírito
oprimido resseca os ossos."*

(*Provérbios 17:22*)

O seu corpo não mente. Ele manifesta o que sua alma esconde. As dores que você não trata se transformam em tensões musculares. A tristeza que você ignora vira cansaço crônico. A ansiedade que você normaliza bagunça seu sono, seu intestino e sua pele. O corpo grita o que a alma tenta calar.

Vivemos em um mundo onde a aparência é supervalorizada, porém a energia que você emana fala mais alto que sua roupa, seu perfume ou seu sorriso. Existe uma vibração real que vem de dentro e ela é sentida antes de qualquer palavra ser dita. Pessoas curadas vibram leveza. Pessoas amargas carregam peso. Pessoas cheias de fé contagiam. Pessoas cheias de medo drenam.

A Bíblia afirma que o coração bem-disposto, alegre, é remédio. Ou seja: a emoção certa tem poder terapêutico. No entanto, o espírito abatido resseca os ossos, drena vitalidade e esperança. Isso não é apenas uma metáfora, trata-se de ciência espiritual: **sua saúde emocional determina sua frequência energética, e isso afeta diretamente sua saúde física e sua atmosfera espiritual**.

E aqui vai uma verdade forte: **você não atrai o que deseja, você atrai o que vibra**. Pode até dizer que quer mudança, mas se sua alma carrega ressentimento, você emana resistência. Se carrega medo, você emana limitação. Se carrega insegurança, você repele portas de oportunidade. A frequência da sua alma cria o ambiente onde você vive.

Não se trata de fingir alegria nem de mascarar dores. Trata-se de viver a cura. De parar de empurrar feridas para o inconsciente e começar a tratá-las na presença de Deus. A alma saudável vibra alinhada com o Céu. A alma sarada libera vida, atrai paz, produz frutos. E o corpo sente, ele flui, descansa, responde.

Por isso, hoje Deus o está convidando a **alinhar o invisível com o visível**. A levar sua alma ao altar, liberar o que trava, perdoar quem o machucou, rir de novo, dançar de novo, respirar fundo, e declarar: "Minha alma está viva. Meu corpo vibra cura. Minha vida está em movimento".

Você pode mudar o seu ambiente, sua saúde, suas conexões e sua energia – **começando pela sua alma**. Porque tudo em você vibra. E tudo que vibra, atrai.

Autoexame

O que meu corpo tem revelado sobre o que está escondido na minha alma? Estou vibrando cura, leveza e alegria ou medo, dor e peso?

Ação prática

Hoje, faça algo que intencionalmente traga leveza e alegria à sua alma:
Assista a algo que o faça rir.
Ligue para alguém com quem você se sente bem.
Dance por cinco minutos em casa.
Tome um banho consciente, entregando peso para Deus.
Escreva uma carta perdoando alguém (mesmo que não entregue).
Ao longo do dia, declare:
"Minha alma está alinhada com o Céu. Meu corpo vibra cura, força e vida."

Oração

Senhor, eu apresento hoje minha alma diante de Ti.
Toca onde só o Teu Espírito alcança.
Cura as feridas que me adoecem em silêncio.
Liberta-me de toda energia de dor, amargura, rejeição ou medo.
Que meu corpo vibre o que vem do Céu: paz, saúde, graça e alegria.
Renova-me por dentro, para que a leveza transborde em mim.
Que minha vibração seja reflexo da Tua presença.
Em nome de Jesus, amém.

Declaração de poder

1. **Eu sou filho amado de Deus.**
2. Não sou vítima, eu sou vencedor.
3. Sou grato em todas as coisas, mas permaneço inconformado, pois sei que o melhor de Deus ainda está por vir.
4. Sou disciplinado e focado.
5. **Sou corajoso e ousado.**
6. Não aceito a covardia nem a acomodação.
7. Tenho a visão extraordinária de Deus para o meu futuro.
8. Tenho o caráter de Cristo moldando a minha vida.
9. Sou sal e luz neste mundo e, por onde eu passar, brilharei com o amor, a prosperidade e a generosidade.

DIA 18

ALINHAMENTO VIBRACIONAL COM O CÉU

"Que as palavras da minha boca e a meditação do meu coração sejam agradáveis a ti, Senhor, minha Rocha e meu Resgatador."

(Salmos 19:14)

Você já parou para pensar que suas palavras carregam som, forma e frequência? Que toda vez que fala, algo vibra no mundo invisível? A Bíblia está repleta de princípios que revelam esse mistério espiritual: **suas palavras têm poder criativo e construtivo, mas também destrutivo**.

O que sai da sua boca é fruto do que vibra dentro do seu coração. O som que você emite carrega a energia da sua fé ou da sua incredulidade. Palavras são mais do que expressões – elas são códigos espirituais. Elas autorizam ou bloqueiam, abençoam ou amaldiçoam, ativam ou paralisam.

E isso não é apenas doutrina – é ciência também.

A física quântica mostra um universo no qual tudo vibra em frequências, ampliando nossa visão da realidade. Embora pensamentos não comprovadamente mudem o universo, emoções e atitudes moldam nossa vida. Pequenas mudanças e intenções construtivas podem abrir caminhos e inspirar transformação. Por isso, sua fala, seu tom de voz, até suas intenções internas fazem esse molde. Quando você vive em desalinhamento com o Céu – ou seja, quando fala de escassez, medo, reclamação, crítica e julgamento – você baixa sua frequência espiritual e se desconecta daquilo que Deus quer liberar sobre sua vida.

O salmista entendeu isso e orou: "Senhor, que as palavras da minha boca e a meditação do meu coração sejam agradáveis a Ti". Isso é um pedido de alinhamento vibracional. Porque quando a boca e o coração estão em sincronia com Deus, **o Céu se move, os milagres fluem e a atmosfera muda**.

No entanto, a maioria das pessoas vive em curto-circuito espiritual. Elas oram crendo e, cinco minutos depois, reclamam murmurando. Declaram fé, mas depois soltam frases como: "Acho que nunca vai dar certo", "Essa porta não é para mim", "Minha vida é sempre assim" e cada vez que fazem isso, é como se sabotassem o próprio milagre.

Deus nos criou à Sua imagem e semelhança. Ele criou o mundo com palavras e nós também criamos realidades com o que declaramos. Isso é tão sério que a Bíblia diz: "A língua tem poder sobre a vida e sobre a morte" (Provérbios 18:21). Acredite: **Você é o profeta da sua própria história**.

Hoje, Deus o chama para subir de frequência. Para alinhar seu tom interno com o tom do Céu. Para vigiar suas palavras, não por medo, mas por consciência. Para declarar o que Deus diz – mesmo que tudo ainda diga o contrário.

Seu ambiente muda quando sua fala muda. Sua energia se eleva quando seu coração e sua boca estão em unidade. Sua realidade se transforma quando você começa a profetizar com fé, não com medo.

Autoexame

Minhas palavras têm carregado o som do Céu ou o eco da incredulidade? O que tenho declarado sobre minha vida, meu futuro e minha identidade?

Ação prática

Hoje, decida viver **24 horas de alinhamento verbal consciente**:

- Nada de reclamação, fofoca, negatividade ou ironia.
- Toda vez que algo ruim vier à mente, substitua por uma declaração de fé.
- Escreva **três declarações positivas e espiritualmente alinhadas** com o que deseja viver.

Por exemplo:

- "Sou guiado pelo Espírito Santo."
- "Minha boca libera cura e sabedoria."
- "Minhas palavras são ponte para o sobrenatural."
- Leia essas frases em voz alta durante o dia, até se tornarem sua nova frequência.

Oração

Senhor, hoje eu Te peço: alinha minha vibração com o Teu Céu.
Purifica meu coração, limpa minha boca, renova meus pensamentos.
Que cada palavra que eu disser carregue vida, fé, esperança e verdade.
Tira de mim o hábito de reclamar, de julgar, de falar sem consciência.
Ensina-me a declarar o que Tu já falaste sobre mim.
Faz da minha boca uma trombeta profética que libera Teu favor.
Em nome de Jesus, amém.

Declaração de poder

1. Eu sou filho amado de Deus.
2. Não sou vítima, eu sou vencedor.
3. **Sou grato em todas as coisas, mas permaneço inconformado, pois sei que o melhor de Deus ainda está por vir.**
4. Sou disciplinado e focado.
5. Sou corajoso e ousado.
6. **Não aceito a covardia nem a acomodação.**
7. Tenho a visão extraordinária de Deus para o meu futuro.
8. Tenho o caráter de Cristo moldando a minha vida.
9. Sou sal e luz neste mundo e, por onde eu passar, brilharei com o amor, a prosperidade e a generosidade.

O QUE SAI DA SUA BOCA É FRUTO DO QUE VIBRA DENTRO DO SEU CORAÇÃO.

Desperte o poder dentro de você

@PAULOVCOACH

DIA 19

CHAMANDO À EXISTÊNCIA

"[...] o Deus que dá vida aos mortos e chama à existência coisas que não existem, como se existissem."

(Romanos 4:17)

Você já declarou algo que ainda não existia – e viu acontecer? Esse é um dos princípios espirituais mais poderosos que existem. O mesmo Deus que criou o universo com a palavra continua, hoje, chamando à existência o que ainda não se vê e, acredite, Ele nos deu esse poder também. O poder de usar as palavras como sementes que criam, alinham e manifestam realidades.

No entanto, aqui está o problema: a maioria das pessoas usa essa capacidade criativa para o lado errado. Chamam à existência o medo, a escassez, a doença, a rejeição. Dizem:

- "Isso sempre dá errado."
- "Nada funciona para mim."
- "Já sei que vai dar problema."
- "Não tenho cabeça para isso."
- "Deus deve ter se esquecido de mim."

Essas frases parecem inofensivas, mas são decretos espirituais disfarçados de desabafo. E decretos constroem destinos. Se você declara continuamente o que não quer, está profetizando contra si mesmo. E isso precisa parar. Hoje. Agora.

A fé verdadeira **chama à existência o que ainda não existe**. Ela não espera para ver – ela cria com a Palavra, pois quando você fala com convicção, com base na promessa e na identidade que tem em Deus, você movimenta o invisível e a sua vibração entra em alinhamento com o Céu, de maneira que sua atmosfera espiritual se transforma.

Isso é muito mais do que pensamento positivo. É uma chave espiritual. É um pacto com a verdade. É usar a boca como instrumento de criação, não de repetição de tragédias.

Lembre-se: Abraão foi chamado de "pai de multidões" quando ainda nem tinha filhos. Gideão foi chamado de "guerreiro valente" quando ainda estava se escondendo. Deus sempre fala com você com base **na sua identidade profética, não nas suas circunstâncias atuais**.

Ele convida você a fazer o mesmo: **chame à existência o que ainda não vê**. Fale como quem já tem. Aja como quem já venceu. Declare como quem já recebeu. Porque o Reino não responde à dúvida, pelo contrário, ele se manifesta diante da fé vibrante, ousada e constante.

Hoje é dia de usar sua voz como ponte para o sobrenatural, de declarar saúde onde há dor, abundância onde há falta, direção onde há confusão, vitória onde há batalha.

Autoexame

O que tenho declarado sobre minha vida?
Tenho chamado à existência o Céu ou reforçado a escassez da Terra?

Ação prática

Pegue papel e caneta e escreva **três declarações proféticas** nas áreas em que você mais precisa de transformação:

Por exemplo:

1. Saúde;
2. Finanças;
3. Vida espiritual.

- "Meu corpo é templo do Espírito e vibra cura, força e vitalidade."
- "Eu sou próspero, generoso e fiel. O Céu financia meu propósito."
- "Minha conexão com Deus é profunda, constante e cheia de revelações."
- Depois, **declare essas frases em voz alta sete vezes hoje**, com fé e intenção. Não apenas leia, profetize.

Oração

Senhor, hoje eu ativo o poder que há em minhas palavras.
Eu escolho chamar à existência os Teus planos sobre minha vida.
Rejeito toda fala de dúvida, escassez, medo ou autossabotagem.
Minha boca é fonte de fé, verdade e profecia.
Eu declaro cura, provisão, direção e favor.
Mesmo que ainda não veja, eu já agradeço e louvo.
Mesmo que ainda não tenha, eu já celebro.
Porque o Teu Espírito me habilita a criar com a fé.
E o que eu profetizo hoje, o Céu manifesta amanhã.
Em nome de Jesus, amém.

Declaração de poder

1. Eu sou filho amado de Deus.
2. Não sou vítima, eu sou vencedor.
3. Sou grato em todas as coisas, mas permaneço inconformado, pois sei que o melhor de Deus ainda está por vir.
4. Sou disciplinado e focado.
5. Sou corajoso e ousado.
6. Não aceito a covardia nem a acomodação.
7. **Tenho a visão extraordinária de Deus para o meu futuro.**
8. **Tenho o caráter de Cristo moldando a minha vida.**
9. Sou sal e luz neste mundo e, por onde eu passar, brilharei com o amor, a prosperidade e a generosidade.

SE VOCÊ DECLARA CONTINUAMENTE O QUE NÃO QUER, ESTÁ PROFETIZANDO CONTRA SI MESMO.

Desperte o poder dentro de você

@PAULOVCOACH

DIA 20

O CORAÇÃO QUE ATRAI MILAGRES

"Deleite-se no Senhor, e ele atenderá aos desejos do seu coração."

(Salmos 37:4)

Há corações que repelem milagres, pois estão cheios de ansiedade, desconfiança, ganância ou frustração.

Porém há corações que **atraem milagres**. Corações alinhados, que não apenas pedem – desejam com fé, que não apenas acreditam – se deleitam em Deus. Salmos 37 revela: há uma chave espiritual escondida em um verbo simples: **deleitar-se**.

Deleitar-se é mais do que buscar a Deus. É **ter prazer n'Ele**. É vibrar com a presença, não apenas com os presentes. É desejar mais o Pai do que as respostas. É quando sua satisfação deixa de estar nas conquistas e passa a estar na comunhão.

O milagre, então, deixa de ser o foco e passa a ser consequência.

A verdade é que muitos vivem frustrados porque inverteram a ordem: querem a concessão sem o deleite. Querem a bênção sem o relacionamento. Querem a manifestação sem a rendição.

Mas Deus não é banco nem balcão de pedidos. Ele é Pai. E como Pai, Ele deseja o nosso coração antes de qualquer milagre, pois Ele sabe: **um coração saudável atrai o Céu**. Um coração maduro sustenta o milagre. Um coração alinhado carrega autoridade.

Pessoas que vivem milagres não são especiais, são pessoas alinhadas. Elas aprenderam a descansar em Deus, a vibrar gratidão mesmo na espera, a manter o coração limpo mesmo quando o processo é longo. Elas não precisam manipular, forçar ou se desesperar, pois sabem: o Céu se move por vibração, não por gritaria.

O coração dessas pessoas é um ímã espiritual e atrai aquilo com que está alinhado. Se está cheio de fé, atrai favor. Se está cheio de gratidão, atrai multiplicação. Se está cheio de amor, atrai conexões divinas. Contudo, se está cheio de reclamação, escassez e dúvida, bloqueia milagres.

Hoje, Deus quer fazer uma troca com você: tire o foco daquilo que falta e coloque o foco n'Ele. Ao fazer isso, algo mudará. A atmosfera ao seu redor será diferente. E, sem perceber, você começará a atrair aquilo que antes parecia impossível.

Autoexame

Meu coração tem vibrado prazer em Deus ou frustração com a vida? O que estou atraindo com a frequência emocional que carrego?

Ação prática

Hoje, **separe uma hora para estar com Deus sem pedir nada**. Simplesmente adore. Deleite-se. Louve. Medite. Sente-se com Ele como quem se senta com um amigo amado.

Durante esse momento, escreva uma carta espiritual dizendo:

"Senhor, Tu és meu prazer, meu centro, meu tudo. Mesmo que nada mude por fora, eu me alegro por estar contigo por dentro."

Faça isso com presença. Sem pressa. Sem distrações. E sinta sua frequência mudar.

Oração

Senhor, eu reconheço: por muitas vezes, busquei mais os Teus milagres do que a Tua presença.

Hoje, eu volto ao centro. Eu me deleito em Ti. Tu és meu prazer, meu refúgio, meu destino.

Limpa meu coração de toda ansiedade, ambição vazia e reclamação.

Alinha meus desejos com o Teu coração.

Faz de mim alguém que carrega paz, leveza e confiança, mesmo antes de a bênção chegar.

Eu atraio o Teu favor porque estou conectado ao Teu amor.

Em nome de Jesus, amém.

Declaração de poder

1. **Eu sou filho amado de Deus.**
2. Não sou vítima, eu sou vencedor.
3. Sou grato em todas as coisas, mas permaneço inconformado, pois sei que o melhor de Deus ainda está por vir.
4. **Sou disciplinado e focado.**
5. Sou corajoso e ousado.
6. Não aceito a covardia nem a acomodação.
7. Tenho a visão extraordinária de Deus para o meu futuro.
8. Tenho o caráter de Cristo moldando a minha vida.
9. Sou sal e luz neste mundo e, por onde eu passar, brilharei com o amor, a prosperidade e a generosidade.

DIA 21

UMA NOVA IDENTIDADE VIBRACIONAL

"Portanto, se alguém está em Cristo, é nova criação. As coisas antigas já passaram; eis que surgiram coisas novas!"

(2 Coríntios 5:17)

Você não é mais quem um dia foi e não é só porque Deus disse isso – é porque algo dentro de você já não aceita mais viver abaixo da sua verdadeira identidade.

Durante anos, talvez você tenha se identificado com rótulos falsos: o rejeitado, o fracassado, o esquecido, o pecador, o limitado, o que nunca termina nada, o que sempre se sabota. E essas identidades, mesmo que silenciosas, moldaram sua vibração. Moldaram seu comportamento, seus relacionamentos e, por fim, sua realidade.

Contudo agora, depois dessa jornada de 21 dias, algo novo foi ativado. Algo foi purificado. Algo foi confrontado e curado. E você não pode – e não deve – voltar atrás. Porque a verdade é que **sua vibração determina sua frequência, e sua frequência atrai sua realidade**.

A nova identidade em Cristo não é apenas um conceito espiritual. **É uma nova configuração energética.** Uma frequência emocional e uma estrutura interna transformada. É como se o Céu lhe tivesse dado uma nova senha de acesso, e agora você pode entrar em ambientes que antes estavam trancados.

E sabe o que isso exige? Coragem. Porque viver uma nova identidade significa abandonar toda forma de apego ao que era familiar. O velho "eu" talvez ainda bata à porta com suas vozes, seus padrões, suas desculpas. Porém, agora, você tem autoridade para dizer: **"Isso não faz mais parte de mim"**.

Você não é mais o que sofreu, o que perdeu. Você não é mais o que disseram, não é mais os erros que cometeu.

Você é o que o Céu declarou:

Filho.

Herdeiro.

Santo.

Escolhido.

Forte.

Luz.

Livre.

Pleno.

Quando você crê nisso, algo muda completamente. Você para de implorar e começa a declarar; para de sobreviver e começa a viver com missão; deixa de vibrar medo e começa a vibrar autoridade, coragem e sabedoria; sai da lógica da carne e entra na frequência do Espírito.

Essa nova identidade precisa ser assumida todos os dias e reforçada com palavras, com ações, com escolhas e com o ambiente certo. Não espere se sentir forte para se comportar como forte – **comporte-se como quem já é, e sua alma vai se alinhar.**

Você não nasceu para viver em ciclos de repetição. Você nasceu para crescer, romper e manifestar o Céu, e isso começa pela sua identidade.

Hoje, um novo momento se inicia. A versão que antes era sabotada, agora é ativada. A versão que se escondia, agora se levanta. A versão que chorava, agora profetiza. A versão que sobrevivia, agora lidera.

O Céu não reconhece o velho você. O Céu só reconhece quem você realmente é. Está na hora de você se reconhecer também.

Autoexame

> *Quem eu preciso deixar de ser a partir de hoje?*
> *Que versão de mim mesmo está sendo ativada neste novo ciclo?*

Ação prática

Pegue uma folha e escreva, com autoridade espiritual:
"Minha nova identidade é..."
Complete com frases que declarem sua nova vibração, sua nova postura, sua nova mentalidade.

Exemplos:

- "Eu sou filho amado, próspero, curado, corajoso, e cheio do Espírito."
- "Minha mente é renovada. Meu coração é livre. Meu espírito está vibrando na mais alta frequência."
- "Carrego luz onde chego. Libero fé. Atraio milagres."

Depois disso, leia essas declarações **em voz alta sete vezes**, com convicção. Faça isso por **sete** dias. Reforce seu novo padrão espiritual até se tornar parte de quem você é.

Oração

Pai, eu Te agradeço por essa jornada de transformação.
Hoje, eu renuncio de maneira definitiva ao velho eu.
Assumo, com fé e autoridade, a identidade que o Senhor me deu em Cristo.
Sou nova criatura. Tudo se fez novo.
Alinho-me com o Céu, com a verdade, com a promessa.
Minha frequência é a da fé, da liberdade, da plenitude.
Eu recebo minha nova natureza e deixo que ela governe meus pensamentos, palavras e decisões.
Nada me prende ao passado. Eu vivo o novo de Deus.
Em nome de Jesus, amém.

Declaração de poder

1. Eu sou filho amado de Deus.
2. Não sou vítima, eu sou vencedor.
3. Sou grato em todas as coisas, mas permaneço inconformado, pois sei que o melhor de Deus ainda está por vir.
4. Sou disciplinado e focado.
5. **Sou corajoso e ousado.**
6. Não aceito a covardia nem a acomodação.
7. Tenho a visão extraordinária de Deus para o meu futuro.
8. **Tenho o caráter de Cristo moldando a minha vida.**
9. Sou sal e luz neste mundo e, por onde eu passar, brilharei com o amor, a prosperidade e a generosidade.

O CÉU JÁ RECONHECE QUEM VOCÊ REALMENTE É. ESTÁ NA HORA DE VOCÊ SE RECONHECER TAMBÉM.

Desperte o poder dentro de você

@PAULOVCOACH

Mensagem final

Amigo, amiga, você chegou até aqui! Leu, refletiu, chorou, venceu dias difíceis e, acima de tudo, decidiu continuar mesmo quando tudo dizia para parar. Depois de 21 dias de jornada, é hora de entender algo essencial: o último dia não é o fim; é só o começo.

O que diferencia as pessoas que vivem uma vida abundante daquelas que apenas sobrevivem, esperando os dias passarem, é simples: decisão, coragem e constância. Não basta apenas ter lido esse devocional, sublinhado frases e se emocionado em alguns momentos, é necessário decidir não voltar atrás.

Você foi chamado para viver o Céu dentro de você, e isso é direção, é vida com propósito. A dor, a limitação e a murmuração não têm mais lugar, pois agora você tem consciência. E essa consciência exige ação constante. A vida abundante começa quando a zona de conforto termina, e agora você sabe demais para se esconder atrás das suas historinhas.

Releia esse livro quantas vezes for preciso. Reescreva suas declarações e reaja rapidamente quando a antiga versão tentar voltar. Não transforme essas páginas em enfeite de estante. Faça delas um memorial de virada, um ponto sem retorno.

Você não está mais sozinho. A presença que te sustentou até aqui vai te acompanhar todos os dias. Contudo lembre-se: tem poder quem age, e mais ainda quem age certo com intensidade e fé.

Esse é o seu tempo. Viva como quem sabe que foi chamado para mais. Para mais alegria, mais identidade, mais propósito, mais presença. E vá até o fim, sem jamais parar no meio do caminho.

© Alexandre Olivares

ACOMPANHE O AUTOR
NAS REDES SOCIAIS:

PAULOVCOACH
PAULOVCOACH
METODOCISOFICIAL
PAULOVIEIRACOACH
PVCAST

Paulo Vieira

é PhD em Business Administration e Mestre em Coaching pela Florida Christian University (FCU). Considerado o pai da Inteligência Emocional na América Latina e na Europa, compartilha sua visão estratégica com milhares de pessoas, moldando o cenário dos negócios de empresas no Brasil e no mundo.

Marido da Camila e pai da Júlia, do Mateus e do Daniel, é ainda criador do Método CIS®, o maior treinamento de Inteligência Emocional do mundo, além de presidente da Febracis, a maior escola de negócios da América Latina.

Escritor e conferencista internacional, Paulo é reconhecido no meio empresarial como autoridade em temas como coaching, liderança, negociação, relações humanas e gestão eficaz de pessoas, e já realizou consultoria em mais de quinhentas empresas no Brasil e no mundo. Já publicou mais de catorze obras, e seus livros estão entre os mais vendidos do Brasil.

Este livro foi impresso pela gráfica Santa Marta
em papel pólen bold 70 g/m² em outubro de 2025.